SHIYANGHE LIUYU
JINGJI WENTI YANJIU

石羊河
流域经济问题研究

王文行　段争虎　著

蘭州大學出版社

图书在版编目(CIP)数据

石羊河流域经济问题研究/王文行,段争虎著. —
兰州:兰州大学出版社,2011.9

ISBN 978-7-311-03721-5

Ⅰ.①石… Ⅱ.①王… ②段… Ⅲ.①区域经济发展—
研究—甘肃省—文集 Ⅳ.①F127.42-53

中国版本图书馆 CIP 数据核字(2011)第 167811 号

策划编辑 陈红升
责任编辑 张 萍 陈红升
封面设计 管军伟

书 名 石羊河流域经济问题研究
作 者 王文行 段争虎 著
出版发行 兰州大学出版社 (地址:兰州市天水南路 222 号 730000)
电 话 0931-8912613(总编办公室) 0931-8617156(营销中心)
0931-8914298(读者服务部)
网 址 http://www.onbook.com.cn
电子信箱 press@lzu.edu.cn
印 刷 兰州残联福利印刷厂
开 本 880×1230 1/32
印 张 7.5
字 数 240 千
版 次 2011 年 9 月第 1 版
印 次 2011 年 9 月第 1 次印刷
书 号 ISBN 978-7-311-03721-5
定 价 36.00 元

前 言

石羊河流域是我国最重要的有色金属基地——金昌市的所在地,又是甘肃重要的商品粮基地,也是扼守连接祖国内陆与新疆战略通道——河西走廊的东部桥头堡。因此,无论是从经济还是从国家战略地位角度考虑,该流域都十分重要。

近些年,该流域的经济增长迅速,人民生活水平稳步提高,城乡面貌发生了很大的变化,社会各项事业明显进步。但是,从可持续发展的角度看,该流域有一个关键因素的制约——水资源短缺。由于水资源短缺,导致该流域生态环境恶化,经济增长受到限制,人民生活和社会发展进程受到制约,且具有进一步恶化的趋势。在水资源短缺所引起的诸互相交织的矛盾中,最主要的有三个:一是生态用水和经济建设用水的矛盾;二是人民生活用水与经济建设用水的矛盾;三是经济各产业之间用水的矛盾。因此,水资源在生态—经济—社会复合系统中的优化配置,是确保未来国家生态安全、流域经济社会协调发展和人民福利水平得到提高的关键。而欲实现未来水资源的优化配置,必须对流域未来人口、经济增长、社会发展等各个方面的发展趋势进行预测,以未来经济用水、人民生活用水、基本生态用水、社会发展用水为水资源的总需求,以石羊河流域祁连山出山口径流量为总供给,研究在流域水资源承载力的范围内,水资源如何在生态、经济、人民生活和社会发展之间优化配置,是实现流域生态、经济和社会协调可持续发展的基础性工作。基于此,本研究的起点是石羊河流域的经济发展,终点是该流域水资源承载力这一重要的生态经济学课题。本书主要由以下七部分组成。

一、流域要素禀赋

本部分在梳理评价已有的理论和研究成果的基础上，以经典的要素禀赋理论和H-O模型为基本的分析框架，系统地分析评价了金昌和武威两市的土地资源、水资源、劳动力资源、矿产资源、水利设施、交通基础设施等经济增长基本要素的现状和变迁，得出的基本结论是：金昌的比较优势是土地资源、矿产资源、基础设施优势，缺陷是人力资本不足、水资源短缺和区位不理想。武威的比较优势是区位优势、水利基础设施完备，不足之处是水资源短缺、耕地不足、人力资本不足。通过本部分内容的研究，可以预测未来各地区合适的发展模式，为后续经济增长的研究奠定基础。

二、流域国民经济概况

本部分以SNA的指标体系为框架，以武威和金昌的《统计年鉴》中的数据为基础，对两市经济总量及投资、消费、储蓄、进出口、财政收入等进行了较为全面的介绍，然后按照通行的产业分类法，对两市的三个产业的总量、在GDP中的比重状况做了测算和分析。

三、流域社会发展状况

随着城镇化进程的加快，必然会伴随着人民生活、城市基础建设、市政设施等相关领域对水资源需求的加大。本部分的研究在梳理评价国内外已有的研究方法和成果的基础上，以武威、金昌两市的历史统计资料、地方政府制定的“十二五”规划和中长期规划的数据为基础，通过构建各种模型，分析了两市的城镇化进程的速度、关键影响因素。得出的基本结论是：两市近些年人民生活水平大幅度提高、城镇化进程明显加快，但金昌的均要高于武威的；关于影响因素，主要是内生的经济增长和外生的国家政策。进一步以构建的模型预测了全流域未来一定时期内以城镇化为代表的社会发展趋势，并以此为基础，分析未来社会发展对水资源的需求。

四、流域经济增长研究

经济增长是经济社会发展的物质基础，也是人类追求的基本目标。经济增长的基础在于各投入要素的多寡、质量、配比模式等方面。在本部分的研究中，首先在对经济增长的理论和国内外研究成果分析和评价的基础上,形成本研究的基本参照系,再以武威、金昌两市历年的《统计年鉴》中的数据为基础,参照第一部分流域要素禀赋得出的研究结果,采用 C-D 生产函数的扩展形式,通过构建多元非线性回归模型,在系统分析影响两地经济增长关键因素的基础上,对未来经济增长进行预测。得出的基本研究结论是:近 30 年以来,两市都经历了高速的经济增长,但金昌的增长幅度远高于武威;在影响经济增长的诸因素中,对金昌影响最大的因素依次是投资和基础设施的改善,对武威影响最大的因素依次是投资和市场化进程。进一步以预测的未来经济增长数据为基础,测算了为实现该增长所需要的水资源数量。

五、流域全要素生产率

全要素生产率(Total Factor Productivity,简称 TFP)是经济增长的一个源泉,因此,也是研究未来经济增长趋势的一个重要方面。本部分以介绍 TFP 的起源、基本理论脉络和基本研究方法为起点,在充分考虑目前通行的各种 TFP 研究方法的特点、实际资料的可得性等因素的基础上,以武威和金昌两市十几年的《统计年鉴》的数据为基本资料,采用索罗余值法(Solow Residual),通过构建基本的资本和劳动力产出弹性模型,对两市的TFP 及 TFP 增长率进行了测算和分析,得出的基本研究结论是:金昌的 TFP 及 TFP 增长率高于全国的平均水平,武威的与全国平均水平持平,两市的 TFP 来源主要是投资,两市提高 TFP 的途径不同,基础设施的投资对 TFP 的增长具有滞后效应。

六、石羊河出山口 50 年来径流变迁及趋势

随着全球性的气温上升、人口的增长、经济社会的发展,对水资源的需求将会上升,但未来水资源的供给是怎样的趋势就成为本研究的又一重点。在本研究中,参照已有的研究方法,借鉴已经形成的研究成果,以石羊河流域地表径流形成区的气温、降水量为主要解释变量,以武威、永昌和天祝 3 个气象站近 50 年来的历史数据为基础,采用遗传算法,构建径流与气温、降水量之间的模型,再以 1ST 软件自动寻优法,通过人机对话方式,筛选出最优模型,最后,以此模型模拟未来不同气温和降水条件下的径流变化，形成未来水资源总供给矩阵，作为后续研究的基础。得出的基本结论是：石羊河流域祁连山出山口的径流影响因素主要是山区的气温，即小幅度的气温升降会引起径流的大幅度变化，山区降水量只有大幅度变化时，才会引起径流的明显变化；在未来全球气温上升的背景下，该径流下降具有必然性。

七、流域水资源承载力

本部分在梳理、评价已有的水资源承载力研究成果的基础上，以前几部分测算出的未来水资源总需求和总供给为基础，采用多目标分析法，通过设定各项约束条件下的经济、人口、生态、社会发展最大化复合模型，编制运筹学LINGO运算模型，求解各种可能的水资源配置模式，再结合甘肃省水利厅和发改委制定的《石羊河流域重点治理规划》中的配水方案，以保证基本生态用水为前提，最终获得以生态—经济—社会复合系统最优增长为帕累托条件的未来最优水资源配置模式。得出的基本研究结论是：为保证基本生态用水，该流域必须进行大幅度的产业结构调整，并且要严格控制人口增长幅度。

开展此项研究的初衷是期望所得的研究成果能够对该流域有关部门的决策提供一点参考，但由于本人的学术功力不够，加之资料不充分，导致本研究无论是研究方法的选择、模型的构建还是得出的研究结论等方面都可能存在不足，恳切希望学界专家和同仁批评指正。

王文行

2011年5月7日

目 录

第一章　石羊河流域要素禀赋

要素,这里指生产要素,是可用于生产的资本、劳动力、技术和自然资源等诸投入品的简称。要素禀赋是一国或一地区所具有的生产要素的相对比例。流域要素禀赋是流域经济增长和发展的基础条件。

第一节　要素禀赋理论综述

要素禀赋理论是瑞典的赫克歇尔和伯蒂尔·奥林在斯密的绝对优势理论和李嘉图的相对优势理论的基础上提出的解释国际贸易发生的原因和条件的一种理论,简称H–O模型。

该理论的基本含义是:如果一国的要素禀赋K/L(K为资本,L为劳动力)大于另一国,则称该国为资本(相对)丰富或劳动(相对)稀缺的国家,另一国则为劳动丰富或资本稀缺的国家。一国应该出口的产品是它需在生产上密集使用该国相对充裕而便宜的要素生产的产品,而进口的产品是它需在生产上密集使用该国相对稀缺而昂贵的要素生产的产品。简而言之,劳动力丰裕的国家出口劳动密集型产品、进口资本密集型产品;相反,资本丰富的国家出口资本密集型产品、进口劳动密集型产品。这样,两国均能从中获得贸易利益,实现福利的提高。

要素禀赋理论自提出以来,经过众多研究者的逐步深化,其内涵现已经有了两个方面的延伸。其一是要素禀赋的内容已经由原来的资本和劳动两个要素拓展至技术、资源乃至环境等诸多方面;其二是原模型所针对的研究领域已由国际贸易延伸至同一国家内部地区之间的产业选择、经济增长模式等方面,例如区域之间、地区之间的产业规划、产业政策等。

第二节　流域农业要素禀赋

农业要素禀赋也即农业基础条件,主要包括农业生产涉及的自然要素如水、土、气和光等,和农业可资利用的劳动力、农田水利设施、交通、科技等人为要素。农业是国民经济的基础性产业,农业基础条件是农业经济增长的关键。

一、金昌市农业要素禀赋

(一)区位及气候概况

金昌市位于石羊河流域的上游。地处河西走廊东部,祁连山脉北麓,阿拉善台地南缘。东北与民勤县相连,东南与武威市相靠,南与肃南裕固族自治区相接,西南与青海省门源回族自治县搭界,西与民乐、山丹县接壤,西北与内蒙古自治区阿拉善右旗毗邻。市人民政府驻金川区,距省会兰州 306 km(直线)。全境东西长 144.78 km,南北宽 134.6 km。金昌市东为朱王堡镇董家堡村徐家北墩,西为白石崖沟(西南部),南为垴儿墩沟垴,北为陈家深井。边界线总长 486 km。市境总面积 9600 km^2,辖 1 县 1 区(即永昌县和金川区),12 个乡(镇),138 个行政村,总人口 43.77 万人。

金昌市地理位置及其地形地貌较为复杂,地势西南高,东北低,山地平川交错,绿洲荒漠相间。南北海拔差 3000 多米,气候差异较大。北部地势平坦,干旱少雨,炎热干燥,日照丰富;南部山峦叠加，海拔高而潮湿多雨，气候寒冷，终年无夏。呈现以大陆性沙漠干旱气候为主和南部祁连山高寒气候为辅的特征。金昌市自然降水量由东北向西南递增。北部市区年平均降水量为 119.5 mm，浅山区年平均降水量为 210.4 mm，南部高山区年平均降水量为 300 mm 以上，降水量时空分布极不均匀，造成年度和时段干旱常有发生。一年中降水量多集中在 6—8 月，占全年的 65%，5 月占 8.5%，9 月占 11%，10 月至次年 4 月只占 14%。金昌市年均气温随着海拔增高而递减。市区平均气温 9.3 ℃，最高年份 10.4 ℃，最低年份 8.5 ℃；永昌县年平均气温 5.3 ℃。市区最高气温 42.4 ℃，永昌县 35.1 ℃；市区最低气温-28.3 ℃，永昌县-28.3 ℃。无霜期市区为 175 d，永昌县为 135 d。

(二)土地资源

金昌市土地面积相对广阔，这在地广人稀的河西走廊，乃至石羊河流域也比较显著，土地资源在其农业要素禀赋中具有明显的比较优势。土地资源存量具体见表 1-1。

表 1-1　金昌市农业土地现状(2007 年)　亩

项目	全市	永昌县	金川区
土地面积合计	13343739	8815030	4528709
一、农用地	5190484	4775157	415327
1.耕地	1488196	12326742	55522
(1)水浇地	1394318	1140247	254071
(2)旱地	90938	90938	0
2.园地	30671	18619	12052
(1)果园	28908	17864	11044
(2)其他园地	1763	755	1008
3.林地	777229	713744	63485
(1)有林地	179409	168917	10492
(2)灌木林	541860	504400	37460
(3)疏林地	13045	12042	1003

续表 1-1

项目	全市	永昌县	金川区
(4)未成林造林地	41205	27174	14031
(5)迹地	628	416	212
(6)苗圃	1082	795	287
4.牧草地	2580873	2551088	29785
(1)天然草地	2467953	2442051	25902
(2)改良草地	64311	64311	0
(3)人工草地	48609	44726	3883
5.其他农用地	313516	259032	54484
6.水利设施用地	13374	12702	654
二、未利用地	7850890	3842431	4008459
1.荒草地	1140050	699305	440745
2.盐碱地	272927	3131	269796
3.沼泽地	15848	15833	15
4.沙地	242776	13668	229108
5.裸土地	297838	222038	75800
6.裸岩石砾地	5859353	2867279	2992074
7.其他未利用土地	399	228	171
8.其他土地	21659	20908	751

资料来源:2008 年《金昌年鉴》,199 页。

由表 1-1 可以看出,金昌市的土地资源具有以下基本特点:

1.人均占有土地资源数量多

根据我们的测算,2007 年金昌市人均土地面积高达 30.49 亩,人均耕地 3.40 亩,人均水浇地 3.19 亩,人均林地 1.78 亩,人均牧草地 5.9 亩,人均未利用土地 17.94 亩。这些指标均远高于全国人均土地 12.4 亩、耕地 1.3 亩的平均水平,也高于全省人均土地 26.31 亩、人均耕地 2.71 亩的平均水平。

2.可利用土地存量较大

可利用土地是指土地的土壤、植被、水分等自然条件适合开发但还没有开发的宜农、宜牧或宜林的土地。金昌市的这类土地总面积达1140050亩,占总土地面积的8.5%,占全部未利用土地的14.5%,人均2.6亩。仅人均可利用土地就远高于全国人均耕地平均水平,也高于全省平均水平。如果能够尽快发展节水农业,提高农业用水效率,在目前农业用水总量不变的情况下,就可以使农业耕地面积比现有的增加1倍以上。

3.部分土地利用难度大

在金昌市的全部土地资源中,难以利用的盐碱地、沙地、裸土地和裸岩石砾地达6771894亩,占全部土地面积的50.75%,占全部未利用土地面积的86.26%。这些土地多位于高寒、气候严酷、水文条件恶劣、交通不便、人迹罕至的地方,在今后一定时期内,难以被用于工农业开发利用。

(三)农业基础设施

农业基础设施主要指与农业生产有关的农田排灌水利设施、主要的农业机械、农业科技服务等。农业基础设施的优劣,不但是农业高效丰产的保障,直接关乎农业生产的效率高低,也是农业现代化的一个重要标志,因此我们将此作为农业要素禀赋的一项内容。由于资料的可得性,本书用农业用电数量、机井水窖数量、旱涝保收农田面积和农业机械台(套)数等指标来衡量农业基础设施的状况。之所以选用这些指标是因为在金昌市,水是农业生产的关键限制要素,农业用电数量、机井水窖数量和旱涝保收面积密切相关,因此这三项指标可以间接反映农业生产的水利设施状况。同时,农业机械数量可以直接反映农村道路和机械化水平高低。

近些年来,由于具有较好的地方财政收入,金昌市能够拿出较多的资金扶持农业,特别是农业基础设施,使当地的农业基础设施有了较快的发展，有力地保障了全市农业生产和农民增收。例如,在“十五”和“十一五”期间,全市用于农业基础设施的投资分别达1.1亿元和1.5亿元，农业人口人均投资分别达446.12元和608.27元,远高于全省其他地区。

表1-2 金昌市农业基础设施

指标		全市合计	永昌县	金川区
农村用电总量/万kWh		14301.56	8284.12	6017.44
农业生产用电/万kWh		12783.27	7245.75	5537.52
机井水窖	机井/眼	1942	1183	759
	水窖/眼	17695	1264	25053
耕地面积	条田面积/万亩	53.70	39.37	14.44
	旱涝保收面积/万亩	38.42	23.70	14.72
	已播种面积/万亩	92.37	71.47	20.90
农业机械	农业机械总动力/kW	740314.78	529686.78	210628.00
	耕地机械/台	38917	30061	8856
	收获机械/台	2085	1418	667
	排灌动力机械/台	2281	1377	904

资料来源:2008年《金昌年鉴》,243页。

从表1–2可以看出,金昌市的农业基础设施具有如下基本特点:

1.机灌和农业机械等农业基础设施较为完备,机械化程度较高

全市农业亩均生产用电高达138.4 kWh,人均旱涝保收面积达1.56亩,人均机械化耕作面积2.18亩,户均农业机械0.81台,户均

农业机械动力 137095 kW。近两年，在金昌市的近郊如双湾等乡镇，开始逐步推广滴灌技术，大力发展节水型高效农业，随着这些设施的普及，在保持现状农业耗水的情况下，可灌溉的农业耕地至少可比现在增加 1 倍。

2.全市各县区之间的差异度比较大

金昌市下辖的永昌县和金川区，其亩均农业生产用电(kWh)，百亩机井数量(眼)、百亩水窖数(眼)，户均农业机械(台)，户均农业机械动力(kW)分别为：101.38 和 264.95、0.166 和 0.36、1.77 和 2.41、0.76 和 0.91、12.18 和 18.32。这说明位于近郊的金川区的农业生产机械化水平、农产品加工乃至农业的保障能力等均高于永昌县。金川区和永昌县农业基础设施差异的主要原因是：金川区地势平坦，靠近市区，地理位置较为优越，农业基础设施建设成本较低，同时，金川区的财政收入高于永昌县，农业基础设施的投资力度较大。

3.农业基础设施的发展仍有发展潜力

金昌市地处河西走廊，地势平坦，道路四通八达，渠系、排灌设施的建设成本较低，有利于今后农业基础设施的快速发展；同时，金昌市的地方财政供给能力比较强，政府能够为农业基础设施投入较多的资金。

(四)农村道路交通

农村道路等基础交通设施状况直接关系到农业生产和农产品加工等各个环节的效率，在农村经济社会发展中具有重要地位。金昌市农村公路建设方面，率先在省内实现了乡乡通油路、村村通公路。全市 138 个行政村，已有 103 个行政村通油路，占 74.6%，截至“十五”末，全市等级公路通车里程达到 1897.405 km。其中：国道 2 条 128.062 km，省道 1 条 133 km，县道 11 条 370.183 km，乡道 11 条 106.883 km，村级公路 1050.837 km，专用道 6 条

108.44 km。路网密度达到 19.76 km/百 km^2,路网综合技术等级达到 2.4,油面里程达到 1008.555 km,在全省名列前茅。

二、武威市农业要素禀赋

(一)区位及气候概况

武威市地处甘肃省河西走廊东端、石羊河流域上游。2001 年 5 月,经国务院批准撤地设市,现辖凉州区、民勤县、古浪县、天祝县藏族自治县 3 县 1 区。该市东接兰州,南靠西宁,北临银川、呼和浩特四大省会城市,西连新疆,自古就是"通一线于广漠,控五郡之咽喉"的战略要地,古代是兵家必争之地,现代为商家必争之地。武威市是河西走廊的东大门,兰新铁路、干武铁路、312 国道贯通全境,省道和地方道路纵横交错、四通八达,是河西走廊人流、物流、资金流、信息流最集中的地区。

武威市是甘肃省具有一定优势的天然绿色食品和名优特农产品生产基地,日照时间长,昼夜温差大,极端气温相对持续时间短,年日照时数 2571～3030 h,年总辐射量 533.4～579.6 kJ/m^2,年平均气温 7.8 ℃,降水量 60～610 mm,蒸发量 1400～3010 mm,无霜期 85～165 d。

(二)土地资源

解放以前,武威市就具有相对广阔的土地资源、较好的农业生产条件和丰富的农产品,能够保障当地人民的基本生活,这在过去贫困的西北地区较为罕见,所以被冠以"银武威"的美誉。时之今日,由于人口、气候等一系列条件的变化,武威市的土地资源面积尽管没有发生变化,但耕地数量,特别是人均耕地已不能与过去同日而语。

表 1–3 武威市土地资源(2007 年)

指标	全市	凉州区	民勤县	古浪县	天祝县
总土地面积/km^2	33238	5081	15907	5103	7147
耕地面积/万亩	383.35	145.91	90.82	114.82	31.80
园地面积/万亩	23.85	12.91	7.59	3.35	—
林地面积/万亩	362.13	23.76	71.41	22.46	244.50
草地面积/万亩	1487.23	97.74	480.48	259.08	649.96

资料来源:2008 年《武威统计年鉴》,51 页。

从表 1–3 可以看出,武威市的土地资源有如下特点:

1.土地总面积很大,但可利用的潜力不大

全市农村人均土地高达 31.22 亩,但自然条件较好的区域如凉州区仅为人均 9.41 亩,而高寒山地的天祝县为人均 60.30 亩,古浪县 20.85 亩,沙化且严重缺水的民勤县人均高达 98.43 亩。随着国家“天保工程”、“退耕还林还草”等一系列保护生态环境战略的实施,全市未来可用于工农业的土地面积极为有限。

2.人均可耕种土地不足

全市农业人口人均耕地为 2.40 亩。凉州区是全市土壤、灌溉、交通等条件较为优越的区域,人均耕地仅为 1.80 亩,民勤县和古浪县人均耕地较高,分别为 3.74 和 3.12 亩,但受制于气候、水资源和土壤条件,农业生产的效率很低 ,特别是天祝县,不但农业生产条件恶劣,而且人均耕地极其有限,仅为 1.79 亩。

根据以上分析可知,过去号称土地面积广阔的武威市,由于人口增加极快(已经由新中国成立初期的约 43 万人,增加至 2007 年的 190.16 万人,实际增加了 3.42 倍),其人均土地面积极为有限,人均耕地已显不足,并且随着人口的进一步增长,气候环境的恶化,其农业生产面临着极为严峻的土地资源制约。

(三)农业基础设施

武威市具有悠久的农业发展历史，甚至从新中国成立至今，农业仍然是武威市的经济支柱。因此,武威市的历届地方政府都对农业基础设施给予了足够的重视,使其始终处于较为完善的状态。

表 1–4 武威市农业基础设施状况(2007 年)

项目		全市	凉州区	民勤县	古浪县	天祝县
农业机械	农业机械总动力/ kW	2631700.61	1175050.0	326356.61	952092.00	178202.00
	各类农机具量/台	158586	61423	13645	75261	8257
农业用电	农村生产用电/万 kWh	51119.31	22769.00	17456.08	10545.40	348.83
	农民生活用电/万 kWh	7390.32	5136.00	333.60	1380.10	540.62
水利设施	机井数量/眼	13426	4099	8519	770	38
	有效灌溉面积/万亩	288.45	137.48	89.06	56.80	5.11
	保灌面积/万亩	257.15	117.60	82.52	52.80	4.23

资料来源:2008 年《武威统计年鉴》,83 页。

由表 1–4 可以看出,武威市的农业基础设施具有以下特点:

1.农业机械化水平较高

户均农业机械动力达 7.22 kW,户均农机具达 0.44 台(套),户均农业生产用电达 1403.22 kWh,农业生产的主要环节如播种、收割、灌溉、农产品加工等基本实现了机械化。

2.水利设施较为完善

全市的耕地基本上全部实现了渠系配套、机井合理布局,能够按照作物的生长提供较为充足的灌溉用水。截至目前,全市户均有效灌溉面积 7.9 亩，户均保灌面积 7.06 亩，良好便利的水利设施，为农业稳产高产奠定了基础。

3.县区之间不平衡

其中户均农业机械动力最高的古浪县为 13.42 kW，凉州区为 6.04 kW，民勤县为 5.57 kW，天祝县最低，仅为 4.41 kW；户均农机具数量，最高的古浪县为 1.06 台(套)，凉州区 0.32 台(套)，民勤县 0.23 台(套)，天祝县 0.20 台(套)。户均农业生产用电最高的民勤县为 2983.95 kWh，古浪县 1487.36 kWh，凉州区 1170.64 kWh，天祝县 86.34 kWh；户均保灌面积最高的是民勤县，为 14.11 亩，凉州区 6.05 亩，古浪县 7.45 亩，天祝县 1.05 亩。百亩耕地机井数量民勤县最高，为 0.96 眼，凉州区 0.30 眼，古浪县 0.14 眼，天祝县 0.07 眼。各县区之间在农业机械动力、农业用电和机井数量方面的差异，基本上反映了各县区之间在农业机械化水平、农业生产保障方面的差距。

(四)农村交通设施

武威市具有较为发达的农村交通设施，兰新铁路和 302 号国道横贯武威市全境。近些年，由于国家和地方政府的投资加大，使县乡路网初步形成(见表 1–5)。

表 1–5 武威市农村道路设施

里程	乡道/km	村道/km
公路合计	1434.62	4964.51
二级	5.9	6.4
三级	171.55	85.56
四级	558.50	600.03
等外级	678.44	4272.48

资料来源：2008 年《武威统计年鉴》，111 页。

截至目前,除天祝县和古浪县的少部分乡镇外,全市绝大多数地区完成了“乡乡通油路,村村通公路”工程。特别是在一些粮油蔬菜主产区,基本上实现了乡村主干道硬化,路网延伸到了田间地头,极大地方便了农业生产和人民生活。

第三节 流域水资源

水资源是内陆河流域最重要的资源,也是流域的关键要素禀赋。石羊河流域自东向西由大靖河、古浪河、黄羊河、杂木河、金塔河、西营河、东大河、西大河 8 条河流及多条小沟小河组成,河流补给来源为山区大气降水和高山冰雪融水,产流面积 1.11 万 km^2,多年平均径流量 15.60 亿 m^3。

石羊河流域按照水文地质单元又可分为 3 个独立的子水系,即大靖河水系、六河水系及西大河水系。大靖河水系主要由大靖河组成,隶属大靖盆地,其河流水量在本盆地内转化利用;六河水系上游主要由古浪河、黄羊河、杂木河、金塔河、西营河、东大河组成,该 6 河隶属于武威市南盆地,其水量在该盆地内经利用转化,最终在南盆地边缘汇成石羊河,进入民勤县盆地,石羊河水量在该盆地全部被消耗利用;西大河水系上游主要由西大河组成,隶属永昌盆地,其水量在该盆地内利用转化后,汇入金川峡水库,进入金川—昌宁盆地,在该盆地内全部被消耗利用。

一、流域水资源概况 *

(一)地表水资源

流域地表水资源主要产于祁连山区,产流面积 1.11 万 km^2。

* 这部分内容应用了甘肃省水利厅、甘肃省发改委 2007 年编写的《石羊河流域治理规划》中的部分资料。

采用1956—2000年共45年径流系列分析,8条河流出山口多年平均天然年径流量14.54亿 m^3,见表1–6。

表1–6 石羊河流域各河出山口多年径流量 亿 m^3

年份	大靖河	古浪河	黄羊河	杂木河	金塔河	西营河	东大河	西大河	合计
1956	0.2087	1.0688	1.71	2.337	1.60	4.479	3.99	2.478	17.8715
1957	0.0694	0.5518	1.28	2.411	1.58	3.794	2.965	1.643	14.2942
1958	0.3343	1.5263	2.13	4.948	1.72	4.50	3.691	1.722	20.5716
1959	0.1955	1.0155	1.90	3.279	1.65	3.999	3.375	1.722	17.1360
1960	0.0379	0.5755	1.38	2.347	1.40	3.569	2.506	1.170	12.9854
1961	0.3217	1.4601	2.15	2.851	2.07	4.702	3.236	1.707	18.4978
1962	0.082	0.5708	1.23	1.595	0.985	2.828	2.346	0.968	10.6048
1963	0.0536	0.5077	1.43	1.778	1.16	2.981	2.609	1.107	11.6263
1964	0.1613	0.8127	1.94	2.779	2.04	4.645	3.193	2.020	17.5910
1965	0.0473	0.4037	0.94	1.395	0.991	3.005	2.604	1.340	10.7260
1966	0.1072	0.5361	1.05	1.652	1.05	3.243	2.816	1.311	11.7653
1967	0.2018	1.0722	1.91	3.259	1.98	4.982	4.028	2.287	19.7200
1968	0.1075	0.7747	1.44	2.181	1.25	3.762	2.853	1.253	13.6212
1969	0.0757	0.5771	1.36	2.196	1.34	3.767	2.935	1.417	13.6678
1970	0.0851	0.8073	1.47	2.57	1.62	4.376	3.359	1.581	15.8684
1971	0.0946	0.7222	1.37	2.327	1.17	3.244	2.936	1.862	13.7258
1972	0.0759	0.4933	1.21	2.141	1.06	2.988	3.435	1.354	12.7572
1973	0.0694	0.6118	1.39	2.491	1.13	3.469	2.763	1.465	13.3892
1974	0.0883	0.451	0.92	2.052	1.04	3.406	2.583	1.398	11.9383
1975	0.0946	0.5046	1.06	2.404	1.29	3.627	3.068	1.757	13.8052
1976	0.1423	0.9487	1.61	2.513	1.62	3.953	2.963	1.643	15.3930
1977	0.1608	0.7695	1.32	2.340	1.69	4.288	3.090	1.580	15.2383
1978	0.1482	0.9745	1.46	2.270	1.18	3.280	2.480	1.040	12.8327
1979	0.1671	0.9177	1.45	2.320	1.61	3.500	2.760	1.170	13.8948

续表 1–6

年份	大靖河	古浪河	黄羊河	杂木河	金塔河	西营河	东大河	西大河	合计
1980	0.1202	0.8222	1.40	2.24	1.25	3.748	2.9	1.59	14.0704
1981	0.1608	1.0785	1.45	2.6	1.39	3.942	3.91	1.62	16.1513
1982	0.1135	0.8199	1.36	2.25	1.22	3.098	2.72	1.55	13.1314
1983	0.1293	0.8042	1.59	2.53	1.46	4.535	3.41	1.91	16.3685
1984	0.1486	0.7368	1.26	1.93	1.28	3.771	2.83	1.55	13.5064
1985	0.1198	0.6749	1.20	2.08	1.13	3.577	2.64	1.43	12.8517
1986	0.1230	0.5519	1.42	2.31	1.08	3.303	2.67	1.49	12.9479
1987	0.0662	0.3879	0.93	2.05	1.06	3.053	2.967	1.773	12.2881
1988	0.1771	0.9012	1.73	3.2	1.63	4.284	3.437	2.025	17.3843
1989	0.1419	0.6812	1.67	3.066	1.698	5.06	4.359	2.518	19.1891
1990	0.1293	0.6433	1.32	2.415	1.312	3.664	3.194	1.582	14.2556
1991	0.0882	0.3884	0.68	1.57	0.7979	2.452	2.346	1.089	9.4068
1992	0.1209	0.5395	1.257	2.167	1.235	2.941	2.401	1.491	12.1524
1993	0.2220	0.9482	1.908	2.918	1.739	3.07	3.406	2.229	16.4402
1994	0.1565	0.6361	1.286	2.101	1.336	2.879	2.725	1.353	12.4726
1995	0.1810	0.6361	0.9678	2.002	1.262	3.297	2.884	1.732	12.9619
1996	0.1401	0.6509	1.1533	2.019	1.3223	2.898	2.664	1.452	12.2996
1997	0.1319	0.5841	1.005	1.98	1.376	3.185	2.732	1.609	12.603
1998	0.1046	0.4627	0.9817	2.088	1.116	3.172	2.675	1.671	12.271
1999	0.0991	0.4676	0.7979	1.677	1.05	2.899	2.715	1.673	11.3786
2000	0.1237	0.4800	1.176	2.265	1.28	3.689	2.762	1.427	13.2027
2001	0.0851	0.3255	0.8055	1.934	0.8368	2.485	2.55	1.126	10.1479
2002	0.1413	0.5274	0.96	1.662	0.9999	2.872	2.711	1.183	11.0566
2003	0.1601	0.7496	1.728	3.542	1.548	4.425	3.934	2.313	18.3997
2004	0.1234	0.6480	1.106	2.223	1.139	3.322	3.347	1.741	13.6494
2005	0.0711	0.4708	1.045	2.761	1.245	3.441	3.502	1.873	14.4089
2006	0.0956	0.4572	1.118	2.832	1.316	4.094	3.995	2.654	16.5618
2007	0.1231	0.6687	1.388	2.578	1.543	4.386	3.795	2.278	16.7598
2008	0.0645	0.4918	1.148	2.413	0.8906	2.83	2.967	1.401	12.2059
均值	0.1270	0.7280	1.428	2.38	1.368	3.702	3.232	1.577	14.54

注：本表格原始数据由武威市水务局提供。

此外，还有11条没有水文站控制的独立小沟小河和浅山区产水量，由径流模数推算，多年平均径流量分别为0.48亿m^3和0.58亿m^3。

综上所述，流域地表水资源总量为15.60亿m^3，其中：8条大支流多年平均天然径流量14.54亿m^3；11条小沟小河多年平均径流量0.48亿m^3，浅山区径流量0.58亿m^3。

(二)地下水资源

石羊河流域地下水资源量按南北两个盆地分别计算。南盆地紧临祁连山，包括大靖、武威市、永昌3个盆地；北盆地包括民勤县、金川—昌宁2个盆地。地下水资源包括与地表水重复的地下水资源量和与地表水不重复的地下水资源量，在流域水资源量总量计算中，仅计入与地表水不重复的地下水资源量，包括降水、凝结水补给量和侧向流入量。石羊河流域降水、凝结水补给量为0.43亿m^3，沙漠地区侧向流入量为0.49亿m^3，祁连山区侧向补给量为0.07亿m^3，三项合计石羊河流域地下水资源量为0.99亿m^3。

(三)水资源总量

石羊河流域水资源总量为16.59亿m^3，包括地表天然水资源量和与地表水不重复的地下水资源量。其中地表天然水资源量为15.6亿m^3，与地表水不重复的地下水资源量为0.99亿m^3。

按水系分，西大河水系水资源总量2.02亿m^3，其中地表水资源量为1.91亿m^3，与地表水不重复的地下水资源量0.11亿m^3；六河水系水资源总量14.45亿m^3，其中地表水资源量为13.57亿m^3，与地表水不重复的地下水资源量0.88亿m^3；大靖河水系水资源总量0.13亿m^3，其中地表水资源量为0.13亿m^3，与地表水不重复的地下水资源量20万m^3。

(四)水资源质量

水资源质量按照国家《地面水环境质量标准(GB3838—2002)》

评价,评价时段划分为汛期、非汛期和全年3个时段。评价方法采用单因子法。评价结果为:出山口以上河段水质,西大河、东大河、西营河、金塔河、杂木河、黄羊河和古浪河为Ⅰ类水质,大靖河为Ⅱ类水质,总体属优良水质。平原区河段水质,石羊河干流和红崖山水库水质差,基本为劣Ⅴ类水质,金川峡水库水质为Ⅲ类。平原区地下水质,武威市南盆地地下水水质较好。北盆地地下水水质明显恶化,矿化度升高,各种有害离子含量增大,民勤县湖区地下水矿化度普遍在3 g/L以上,局部地区高达10 g/L,不但不能饮用,而且灌溉也受很大程度的影响。

(五)水资源特点

石羊河流域的径流从源头到尾闾分为两个不同的径流区,即径流形成区和径流散失区。南部祁连山区为径流形成区,祁连山山前洪积平原和中北部平原区为径流失散区。

石羊河流域水资源特点及变化情势主要表现为:

1.地表径流年内分配不均、年际变化呈周期性、总量呈下降趋势

石羊河流域山区河流的径流补给主要是降水,因此径流的年内分配与降水年内分配基本一致,主汛期为7—9月占49.6%,枯季10月至翌年3月占18.49%。见图1-1。

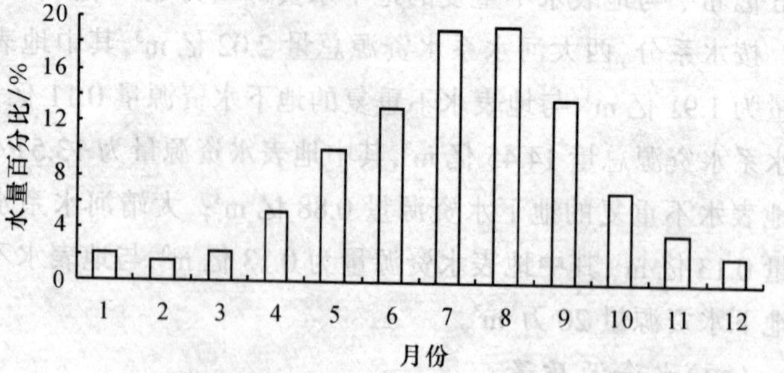

图1-1 石羊河流域多年平均径流月分布

地表年径流总量年际变化不大，具有较明显的周期性，其总量基本稳定，略呈下降趋势。

降水和天然来水变化分别见图1-2、1-3。

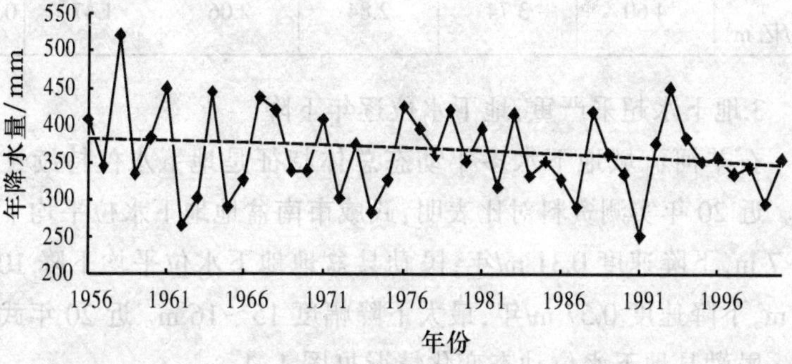

图1-2　石羊河流域山区1956—2000年降水量及趋势

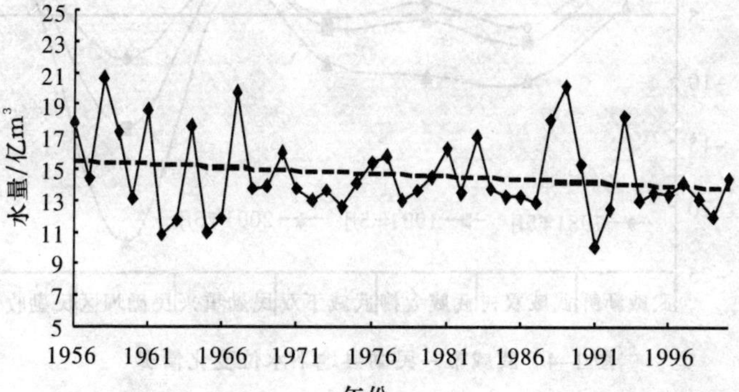

图1-3　八河1956—2000年天然来水量及趋势

2.下游民勤县盆地来水逐年锐减

下游民勤县盆地地表水源主要来自中游的退水、余水和上游的洪水。20世纪50年代，红崖山水库入库断面平均年径流量为4.6亿m^3，现状锐减为不足1.0亿m^3。见表1-7。

表 1-7 红崖山水库入库年径流量趋势

时间	1956—1959年	1960—1969年	1970—1979年	1980—1989年	1990—2000年	现状
年径流量/亿 m^3	4.60	3.74	2.84	2.06	1.47	0.98

3.地下水超采严重,地下水位逐年下降

石羊河流域地下水多年动态总体特征是地下水位持续性下降。近 20 年实测资料对比表明:武威市南盆地地下水位平均下降 6～7 m,下降速度 0.31 m/年;民勤县盆地地下水位平均下降 10～12 m,下降速度 0.57 m/年,最大下降幅度 15～16 m。近 20 年武威市—民勤县地下水位动态变化情况见图 1-4。

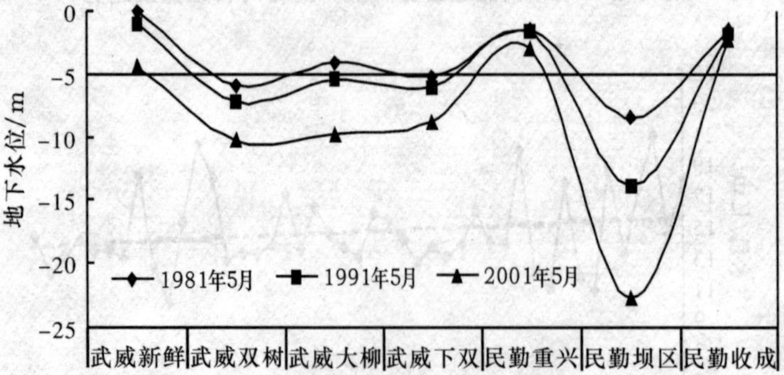

图 1-4 武威市—民勤县地下水位变化情况

二、水利工程建设现状

截至 2003 年,全流域共有水库 20 座,其中:中型水库 8 座,小型水库 12 座,总库容 4.5 亿 m^3,兴利库容 3.7 亿 m^3,8 条支流除杂木河外均建有水库;已建成总干、干渠 109 条,干支渠以上总长 3989 km;建有机电井 1.69 万眼,配套 1.56 万眼,其中民勤县现有机井数量为 1.01 万眼,配套 0.9 万眼;建成万亩以上灌区 17 个;

建成景电二期延伸向民勤县调水和引硫济金两处跨流域调水工程。流域水利工程建设为经济社会发展发挥了重要作用。

（一）现状供水、用水与耗水

1.现状供水

2003 年，全流域总供水量 28.77 亿 m^3。其中蓄水工程 10.89 亿 m^3，占总供水量的 37.8%；引水工程 3.24 亿 m^3，占 11.3%；地下水工程 14.47 亿 m^3，占 50.3%；其他供水 0.17 亿 m^3，占 0.6%。见表 1–8。

表 1–8　2003 年石羊河流域实际供水量统计　亿 m^3

地区	地表水供水量				地下水供水量	其他供水	总计
	蓄水工程	引水工程	提水工程	小计			
金昌市	3.90	0.30	0	4.20	2.95	0.08	7.23
武威市	6.99	2.94	0	9.93	11.52	0.09	21.54
其中：民勤县	0.64	0.47	0	1.17	6.65	0	7.82
总计	10.89	3.24	0	14.13	14.47	0.17	28.77
比例/%	37.80	11.30	0	49.10	50.30	0.60	100.00

现状蓄水、引水、地下水供水比例分别为 38:11:51，以蓄水工程和地下水工程为主。

2.现状用水

2003 年，全流域总用水量 28.77 亿 m^3。其中工业用水量 1.56 亿 m^3，占总用水量的 5.4%；农田灌溉用水量 24.85 亿 m^3，占 86.4%；林草用水量 1.30 亿 m^3，占 4.5%；城市生活用水量 0.46 亿 m^3，占 1.6%；农村生活用水量 0.60 亿 m^3，占 2.1%（详见表 1–9）。石羊河流域农田灌溉用水明显偏高，以六河系统中游及民勤县更为突出，流域工业及生活用水比例明显偏低。

表 1-9 2003 年石羊河流域实际用水量统计 亿 m^3

地区	城镇生活	农田灌溉	林草	农村生活	工业	总用水量
金昌市	0.16	5.86	0.17	0.10	0.94	7.23
武威市	0.30	18.99	1.13	0.50	0.62	21.54
其中:民勤县	0.03	6.87	0.76	0.09	0.07	7.82
总 计	0.46	24.85	1.30	0.60	1.56	28.77

3.现状耗水

全流域 2003 年总耗水量 20.75 亿 m^3,其中山区总耗水 0.86 亿 m^3,平原区社会经济总耗水 17.24 亿 m^3,水库、河道、地下潜水等其他蒸发耗水 2.65 亿 m^3。平原区总耗水量 19.89 亿 m^3,其中民勤县盆地耗水量 4.85 亿 m^3。

平原区社会经济耗水 17.24 亿 m^3 中,城镇生活耗水量 0.25 亿 m^3,农村生活 0.6 亿 m^3,工业 1.11 亿 m^3,农业 14.66 亿 m^3,林草 0.62 亿 m^3。

石羊河流域的现状耗水量大于流域的水资源总量,社会经济用水挤占天然生态用水,导致了生态环境的持续恶化,最终将危及绿洲的稳定。

(二)水资源开发利用水平和程度分析

现状中游各灌区中,河水灌区灌溉水利用系数大体为 0.40～0.54,机井灌区灌溉水利用系数大体为 0.55～0.60;综合净灌溉定额中游地区河灌区为 370 m^3/亩,井灌区为 399 m^3/亩,下游民勤县地区为 385 m^3/亩,净灌溉定额偏高。种植结构也不尽合理,粮食种植面积比例偏大,高耗水作物种植比例偏高,复(套)种面积比例达 22%,个别灌区高达 60%。单方水生产粮食为 0.41 kg/m^3,其中西大河系统为 0.26 kg/m^3,六河中游为 0.46 kg/m^3,六河下游 0.23 kg/m^3。与全国 0.6～1.0 kg/m^3 的平均水平相比,差距较大。

现状工业万元产值用水量为 105 m³/万元，重复利用率 40%。城镇管网漏失率普遍较高，为 20%～25%。

从产业结构来讲，目前城市用水相对经济年增长指数即城市用水年增长率与城市经济（国民生产总值）年增长率之比，近五年来为 0.9 左右，远大于节水型社会要求的≤0.5 的要求；万元国内生产总值(GDP)用水量降低率仅为 0.6%，远小于节水型社会要求的≥4%。现状万元国内生产总值(GDP)用水量 2078 m³/万元，约是全国平均水平的 4 倍，说明目前流域产业结构不合理，用水效益偏低。

按流域多年平均自产水资源总量和 2003 年实际总用水量统计分析，石羊河流域水资源开发利用程度为 172%。按多年平均自产水资源总量和 2003 年实际生活生产耗水量统计分析，流域水资源利用消耗率为 109%。全流域水资源消耗量远大于水资源总量，完全依靠超采地下水维持。现状地下水年超采量 4.32 亿 m³，其中民勤县盆地年超采地下水 2.96 亿 m³。持续过多地动用地下水净储量是导致生态环境严重恶化、人与自然矛盾持续尖锐的根本原因之一。

第四节 流域矿产资源

尽管在主流经济学研究领域，资源这个重要的投入品并未被直接纳入生产函数，多数经济学家也未将研究视野集中在资源如何影响经济增长方面，但人类的工业史表明，矿产资源是近代工业发展的起点，也是现代绝大多数工业的基础投入品，资源丰裕程度在一定时期内，对一国或一个地区的经济增长具有举足轻重的作用。特别是对经济和技术均相对落后的地区，矿产资源更是工业发展不可或缺的重要条件。石羊河流域是我国重要的矿产资源基地,如何合理充分可持续地利用好现有矿产资源,应该是流域经济增长的一个主要研究内容。

一、金昌市的矿产资源

金昌市横跨两个地质构造单元,以龙首山南侧深大断裂为界,北部为阿拉善台块,南部为祁连山褶皱带。这些构造单元,在漫长的地质历史过程中,经历了复杂的地质演化,造就了优越的成矿条件,生成了丰富的矿产资源。截至1991年底,已发现各类矿产地94处。其中,大型矿床14处,中型矿床7处,小型矿床23处,矿点或矿化点50处。

(一)黑色金属类

1.铁矿

以中、小型贫铁矿为主,储量不大。主要为沉积变质型(鞍山式),沉积型和热液型次之。其中,沉积变质型(鞍山式)铁矿有:东大山铁矿储量2247.3万t,其中工业储量1282.4万t;茨岭铁矿储量105.64万t;三回头沟铁矿估算储量2万t;平口铁矿估算储量0.46万t;红疙瘩沟铁矿地质储量2.06万t;马大坂铁矿估算储量0.2万t;三岔沟铁矿估算储量0.46万t;小宽沟垴铁矿估算储量0.7万t。沉积型铁矿有:曹大坂铁矿远景储量20万t;煤山子铁矿估计储量0.2万t;红山窑铁矿地质储量6.64万t。热液型铁矿主要有:铁山嘴铁矿估算储量1万t;赤金子铁矿储量C+D级3万t;龙口铁矿估算储量0.41万t。

2.铁锰矿、铬矿

红泉北铁锰矿估计储量8.3万t;铬矿系金川硫化铜镍矿床中的伴生矿产,主要含铬矿物为铬铁矿、铬尖晶石等。Cr_2O_3含量平均为0.47,储量170.7万t。

(二)有色金属

1.镍矿

镍矿是金昌市主要矿藏,仅为岩浆型硫化铜镍矿床一种类型。金川硫化铜镍矿床储量丰富,在世界同类矿床中,可与加拿大萨德贝里相媲美,位居世界第二。除丰富的铜、镍外,并伴生有铂、钴等20余种稀贵金属矿产。其中,金川硫化铜镍矿矿石中有用元素含量:富矿平均镍2.02,铜1.32;贫矿平均镍0.55,铜0.32。尚有丰富的钴、硒、碲、硫、铬、铂、钯、金、银、锇、铱、钌、铑及微量镓、锗、铟、铊、铼、镉等10多种稀贵金属矿产。共探明矿石储量51693.3万t,镍金属储量553.11万t,铜金属储量349.92万t。截至1990年底,尚保有镍金属储量505.09万t,铜金属储量322.21万t。北海子铜镍矿矿物主要为黄铁矿、磁黄铁矿、孔雀石、兰铜矿等。含镍一般0.3～0.4,最高0.6;铜一般0.34～0.60,最高2.27;钴最高0.058。

2.铜矿

金昌市的铜矿主要有岩浆铜镍型铜矿,含铜多金属铜矿和热液石英脉型铜矿。其中岩浆铜镍型铜矿为最主要的工业铜矿类型。金川硫化铜镍矿床最大,其次为北海子铜镍矿化点。多金属铜矿主要有二道沟铜矿、头道沟铜矿;热液石英脉型铜矿有银洞沟铜矿、三道沟铜矿、西井沟铜矿等。

3.钴、铝土、铅锌、钨矿

钴矿系金川铜镍矿床中的伴生矿产,主要呈类质同象存在于镍矿物中,矿床中的含量与镍呈正消长关系。少量呈矿物存在,主要为镍质辉钴矿、铁镍辉钴矿等,储量为15.96万t。

4.贵金属矿

贵金属矿产均为金川硫化铜镍矿床中的伴生矿产。金、银、铂、钯、锇、铱、钌、铑等含量丰富。按矿床规模划分,金相当于3～5个大矿、银相当于1～2个大矿,铂族金属按铂计,相当于20个大矿。其中金、银矿的储量为金 74947.8 kg,银 1272303.4 kg。铂族金属矿有锇、铱、钌、铑等。

(三)稀有分散元素、稀土元素矿

现有的稀有分散元素矿产均为金川硫化铜镍矿床中的另一种伴生矿产资源。其中:硒和碲的储量分别为 7210.4 t 和 1583.3 t;稀土元素矿产主要有镧、铈、镱、钇等。

(四)非金属

非金属矿点 50 处,其中大型矿床 13 处,中型矿床 6 处,小型矿床 13 处,矿化点 18 处。有石灰岩、白云岩、硅石(石英岩、石英砂岩和脉石英)、萤石、磷、硫、黏土、黄土、花岗岩、辉绿岩、膨润土、石膏、滑石、玉髓—玛瑙、水晶 15 个矿种。

(五)燃料

1.煤炭资源

其中红山窑煤矿的储量 581.4 万 t;庙儿沟煤矿的储量 965.7 万 t;马营沟(西大坂)煤矿储量 1054.7 万 t;上泉沟煤矿储量 2093.9 万 t;东石门煤矿储量 1878.5 万 t;毛卜喇煤矿储量 486 万 t;马家湾煤矿储量 540.4 万 t;砂路嘴煤矿远景储量 154 万 t;曹大坂煤矿远景储量 234 万 t。

2.石油

青土井石油矿点东西长 150 km,宽 50 km,面积约 6800 km^2。含油层为侏罗系砂质泥岩、页岩、油页岩、中粒砂岩等,总厚 1100～1800 m。

二、武威市的矿产资源

尽管武威市是一个传统的农业区,产业结构以农牧业为主,工业在国民经济中的地位并不突出,特别是现代工业中的机械、电子、化工等产业几乎为零,但资源开采和加工产业具有一定的潜力。原因就是已经探明的矿产资源繁多，已发现各类矿点100多处30多种，其中：钛铁矿、石墨矿属国内特大型矿床，储量分别为600万t和400万t以上；煤炭探明储量10.68亿t，石灰岩储量11.7亿t，石膏储量1.4亿t；芒硝、花岗岩、黏土等非金属资源储量很大，在西北地区占有重要的地位；锰、铜、金等金属矿产储量丰富，是今后武威市经济发展的有力保障。

第五节　流域交通基础设施

交通设施包括公路、铁路、航空、水道网络以及站点、码头、客流物流设施的数量、质量和管理水平等诸多方面。在现代经济理论中，无论是发展经济学的“增长极理论”，还是区域经济学的“产业集聚理论”，无不把良好的交通设施作为一个暗含的先决条件。因此，我们有必要认为，“增长极”的形成或“产业集聚”效应的发挥，首先要有良好便捷的交通基础设施。同时，国内外的经济发展实践也表明，交通基础设施是现代经济发展的重要保障。

一、金昌市交通基础设施

金昌市的对外交通较为通畅，兰新铁路从金昌市中部穿过，随着兰新复线的完成，使金昌市的大宗工业品的外运更加便利。国道312连接了金昌市的永昌县和金川区。正在兴建的金昌市机场，即将为金昌市提供一条连接国内主要大中城市的快捷空中走廊，这必将加速金昌市与外界的人员、信息和物资的流动。

市内外公路建设是金昌市近年来成效显著的领域。“十五”以来，全市累计完成交通建设投资11亿元。在县乡公路建设上，完成了金雅、金武、永民、永肃4条县际公路，共计248 km，打通了金昌市与周边地区的通道。截至“十五”末,全市等级公路通车里程达到1897.405 km。其中:国道2条128.062 km,省道1条133 km,县道11条370.183 km,乡道11条106.883 km,村级公路1050.837 km,专用道6条108.44 km。路网密度达到19.76 km/百 km^2,路网综合技术等级达到2.4,油面里程达到1008.555 km(见表1-10)。

表1-10　金昌市道路状况(2008年)　km

里程	全市	国主干线	国道	省道	县道	乡道	专用公路
公路总计	893.42	74.02	74.24	166.00	373.00	106.88	98.88
其中:高速	74.02	74.02	—	—	—	—	—
一级	—	—	—	—	—	—	—
二级	104.00	—	48.80	55.20	—	—	—
三级	581.04	—	—	110.80	338.45	86.31	45.48
四级	127.26	—	25.44	—	34.95	20.57	46.30
等外公路	7.10	—	—	—	—	—	7.10

资料来源:2009年《金昌年鉴》,86页。

二、武威市交通基础设施

武威市是古丝绸之路重镇,自古交通发达。新中国成立后,武威市地区交通空前发展,全区共有公路总里程2143 km ,民用车辆4.2万辆 。国道312线经过“八五”、“九五”技术改造,逐步达到二级公路标准,省道308线双双、双大段二级改建于1998年竣工,省道211线民勤县段已经完成。具体数据见表1-11。

表 1-11　武威市道路桥梁数量(2007)

里程	国道	省道	县道	乡道
公路合计/km	351.393	255.254	1211.925	1434.612
其中:高速/km	114.084	—	—	—
一级/km	—	—	15.866	0.204
二级/km	237.309	198.944	30.811	5.922
三级/km	—	56.310	857.824	171.545
四级/km	—	—	241.629	578.503
等外级/km	—	—	65.795	678.438
桥梁合计/(延米/座)	8762.03/256	1202.64/45	2854.71/102	—

资料来源:2008 年《武威统计年鉴》,111 页。

第六节　流域人口及人力资源

自德鲁克于 20 世纪 50 年代提出人力资源概念后,由于该资源特殊的重要性,长期以来被西方经济学家称为“第一资源”。所谓人力资源,狭义上指的是一个国家、一个地区乃至一个组织能够作为生产性要素投入经济社会事务活动的劳动力人口的数量和质量。广义则是指,在现有生产过程中投入的劳动力的总量即现有组织内的劳动人口存量;也有人认为人力资源是指在一定区域范围内,所有具有劳动能力的人口的总和,它既包括现有在生产过程中投入的劳动力人口,也包括即将进入生产过程中的潜在的劳动力人口和暂时失去工作职位但仍有劳动能力的失业或待业人口等。前一个定义注重的是现实的人力资源构成,而后一个定义从更广泛的意义上使用“人力资源”这一概念。

一、人力资本理论

人力资源是从存量的角度来分析在生产中可资利用的劳动力的数量。但在现代经济学中,一个更有意义的研究视角是将人力资源纳入资本范畴进行动态分析。

人力资本理论的渊源可以追溯至古典经济学家亚当·斯密和新古典经济学家马歇尔。他们都认为,在各种资本投资中,对人本身的投资是最有价值的。明确提出“人力资本”概念的是美国经济学家舒而茨。他认为人力资本是相对于物质资本或非人力资本而言的,是指体现在人身上的、可以用来提供未来收入的一种资本,是指人自身在经济活动获得收益并不断增值的能力。因此,简单地说,人力资本是人类所拥有的知识和有效运行这些知识的能力。

人力资本是通过对人的教育、训练和健康等方面的投资而形成的,作为投资的产物,是个人具备的才干、知识、技能和资历,是体现在人身上的“非物质资本”。和物质资本一样,人力资本也是社会生产和再生产中必需的投入要素,但和一般意义上的资本或物质资本比较,人力资本具有独特的性质。第一,是收益递增性。即对人力资本的投资的收益具有边际收益递增的特性,而一般的物质资本的投资收益具有边际收益递减的规律。第二,人力资本具有很强的正外部性。外部性是指一个行为主体对他人造成的难以通过市场衡量的效果。外部性有正外部性和负外部性。一般认为,人力资本具有正外部性,即人力资本的收益除本人外,还有其他人乃至整个社会。正如卢卡斯所说的,每一个人力资本的提高都直接引起个人产出的提高,同时也引起社会平均人力资本水平的提高,而社会平均的人力资本水平决定了社会平均的生产效率,社会总体效率的提高反过来又使每个企业和个人从中受益。第三,人力资本具有时效性。人力资本是以人口自身的再生产为存在方式的，由于人的生命周期是有限的，人力资本如果不能及时的利用，就会随着时间的流逝而降低或丧失其作用。第四，社会性。人力资本的载体是人本身，而人是生存在特定社会中并受到各种社会条件的制约，因而，人力资本的变化除了受到各种经济条件和人类生育条件的制约外，还要受到社会条件和特定的生产方式的制约。第五，累积性。每个人的人力资本存量一般都不是一次投资形成的，是多次乃至长期投资的结果。

二、金昌市的人口及人力资源

金昌市是一个年轻的城市，其主体是随着金川公司的建立和发展，在戈壁滩上建立的新型工业城市。正是由于其独特的产生历程，使金昌市人口具有自身的特点。

(一)金昌市人口资源的基本特征

金昌市现有人口46.57万人，分布在永昌县和金川区，具体见表1-12。

表1-12 金昌市2005年人口状况

项目	全市	永昌县	金川区
年末总人口/万人	46.57	25.52	21.05
年平均人口/万人	46.44	25.45	21.00
常住人口/万人	46.42	25.43	20.99
出生率/‰	10.48	10.91	9.95
死亡率/‰	4.95	5.12	4.74
自然增长率/‰	5.53	5.79	5.21
农业人口/万人	24.51	19.49	5.02
非农业人口/万人	21.91	5.94	15.97
城镇人口/万人	26.23	7.29	18.94
乡村人口/万人	20.19	18.11	2.08

资料来源：2006年《金昌年鉴》，349页。

从表 1-12 可以看出,金昌市的总体人口具有以下特点:

1.人口密度很小

全市人口密度为 52.3 人/km²,低于甘肃的平均人口密度 87.6 人/km²,甘肃河西地区中部平均人口密度 109 人/km²,甘肃中部干旱地区的 133 人/km²,更远低于全国平均人口密度 135 人/km²。

2.城镇人口占全市人口的比例较大

2005 年,全市城镇人口占全市人口的 56.3%,远高于全省平均水平的 25.9%和全国平均水平的 42.8%。特别是金川区,高达 90.2%。这种城乡人口分布结构已经表现出后工业化阶段的人口城乡分布的特征。

3.人口的自然增长率较低

2005 年,全市的人口自然增长率为 5.53‰,低于甘肃平均水平 6.12‰,略低于全国平均水平 5.89‰(甘肃为少数民族居住地,少数民族地区的出生率、人口自然增长率均要高于汉族地区,因此甘肃全省的人口自然增长率要高于全国的平均水平)。

4.人口结构尚未进入老年化阶段

2005 年,全市常住人口中,0～14 岁的人口为 8.30 万人,占 17.90%;15～64 岁的人口为 35.16 万人,占 75.80%;65 岁及以上的人口为 2.92 万人,占 6.30%。与 2000 年第五次全国人口普查相比,0～14 岁人口的比重下降了 4.88 个百分点,65 岁及以上人口的比重上升了 2.43 个百分点。全市的人口出生率 10.81‰,低于全省的 12.86‰,全国的 12.62‰;但金昌市的死亡率仅为 4.95‰,低于全省的 6.74‰,全国的 6.73‰。因此,金昌市的人口现仍然处于年轻化阶段,这意味着金昌市的人口红利仍然存在。

5.受教育程度逐步提高

全市常住人口中,具有大专以上文化程度的人口为 2.90 万人,占 6 岁及以上人口的 6.72%;高中程度的人口为 7.37 万人,占

17.05%；初中程度的人口为16.04万人，占37.13%；小学程度的人口为12.96万人，占30.01%。与2000年第五次全国人口普查相比，大专以上文化程度的人口增加0.93万人，比重上升1.97个百分点；高中程度的人口增加0.92万人，比重上升1.53个百分点；初中程度的人口增加1.91万人，比重上升4.04个百分点；小学程度的人口减少0.78万人，比重下降3.04个百分点。截至2005年，全市小学适龄儿童入学率达到99.8%，巩固率达到100%，初中适龄少年入学率达到98.9%，义务教育阶段中小学毕业率和完成率均为100%，农村扫除青壮年文盲率达到96%，从业人员人均受教育年限为9年，全市初中毕业会考六科合格率达到60.15%。普通高中入学率达到68.3%，高中阶段教育入学率达到81.5%。普通高考大专以上上线率81.5%，录取率63%（见表1-13）。

表1-13　2008年金昌市人口受教育程度

受教育程度	人数/万人	占全市人口的比例/%
小学	13.450	30.1
初中	16.800	37.6
高中	7.690	17.2
大专	2.190	4.9
本科	7.597	1.7
硕士及以上学历	0.045	0.1

（二）金昌市劳动力资源状况

作为一个年轻的资源性城市，金昌市的劳动力资源具有年轻城市的青壮年劳动力占主导地位等特征。主要数据见表1-14。

表 1-14　金昌市劳动力资源和从业人员(2004—2005 年)　　万人

指标名称		2004 年	2005 年
社会劳动力资源总数		32.68	33.01
乡村劳动力		15.35	15.56
社会从业人员总数		26.65	26.82
按产业划分	第一产业	10.58	9.79
	第二产业	6.99	7.32
	第三产业	9.08	9.71
按城乡划分	城镇从业	13.31	13.4
	乡村从业	13.34	13.42
城镇失业人员		0.5981	0.5738

资料来源:2006 年《金昌年鉴》,350 页。

金昌市劳动力资源具有如下特征:

1.劳动力占总人口的比例较大

2005 年,全市劳动力为 33.01 万人,占全市总人口的 70.9%,这在全国都极为罕见,其原因是金昌市外来务工或产业人员多为青壮年为主所致。

2.从业人员在产业中的分布呈典型的“纺锤体”结构

从事农业产业的劳动力占全部劳动力的 32.4%，从事工业的占 21.4%,从事第三产业的占 27.9%。这种劳动力分布结构,说明金昌市仍处于工业化初期阶段,大量的农村劳动力仍然有待与从农业产业转移至第三产业。

3.劳动力资源的增量快速下降

在 1990—2000 年，金昌市的劳动力年均增量在 5000 个左右,2000—2005 年，劳动力资源的年均增量下降至 3000 个左右。这说明金昌市的劳动力资源数量正在由快速增长趋于稳定。

4.劳动年龄人口的性别构成正趋于平衡

2005年，金昌市劳动年龄人口数为33.1万人，其中：男性172120人，占总劳动力年龄人口的52.4%，女性158880人，占总劳动力年龄人口的47.6%。自1995年以来，男性和女性劳动力的增长量基本同步，但十年间男性所占劳动力总数的比例相对略有上升(0.4%)，而女性所占比例则下降了0.3个百分点。与此同时，劳动年龄人口的男女性别比由1990年的115下降到2000年的113.1，2005年的112.4。

5.劳动力年龄人口的年龄构成以青年为主

按照一般的年龄段划分方法，将劳动力年龄人口分为16～24岁组、24～44岁组、45～59岁的男性和45～54岁的女性组，则2000年金昌市的16～44岁的青壮年劳动力人口共计243782人，占全部劳动力人口的81.8%。由此可见，金昌市的劳动力资源总体上是属于青壮型。1990年第四次人口普查与2000年第五次人口普查劳动力人口的年龄变化见表1–15。

表1–15　劳动力年龄人口的年龄构成

各劳动力年龄人口分类	1990年		2000年	
	人数	比重(%)	人数	比重(%)
16～19岁	42094	16.0	22697	7.6
20～24岁	55975	21.3	28816	9.7
25～29岁	42188	16.1	55705	18.7
30～34岁	25278	9.6	61005	20.5
35～39岁	28926	11.0	44435	14.9
40～44岁	23207	8.8	24484	8.2
45～49岁	20556	7.8	29217	9.8
50～54岁	18203	6.9	22693	7.6
55～59岁(男)	6288	2.4	9124	3.0

注：表中资料由金昌市人口委提供。

从表 1–15 中可以看出,30 岁以前的 3 个年龄组的劳动力人数 1990 年占 53.4%,而 2000 年则下降到 35.9%,这显示出金昌市的劳动力资源无论是数量还是技术都处在成熟阶段。

(三)农村劳动力资源

2007 年,金昌市农村人口 24.51 万人,具有农村户籍的劳动力约 15.45 万人,其中从事农业生产的 10.2 万人,占全部农村劳动力的 66%,其余 34%主要从事季节性的工业、交通运输和其他第三产业。农村劳动力主要分布在永昌县,约占全市的 80%。主要数据见表 1–16。

表 1–16 金昌市农村劳动力资源基本状况 万人

指标		全市合计	永昌县	金川区
农村劳动力资源总数		15.45	12.32	3.13
劳动力行业分布	农林牧渔业	10.20	8.14	2.06
	工业	0.42	0.35	0.07
	建筑业	0.76	0.51	0.25
	交通运输、邮电业	0.65	0.36	0.29
	贸易	0.29	0.22	0.07
	餐饮	0.17	0.13	0.04
	教育文化	0.03	0.02	0.01
	卫生体育和社会福利	0.05	0.04	0.01
	乡镇经济管理	0.01	0.01	0
	其他	1.16	1.05	0.11

资料来源:2006 年《金昌年鉴》,242 页。

据调查,金昌市的农村劳动力的产业分布具有很强的季节流动性,在农忙季节,约 80%劳动力集中在农业生产领域,在农闲季节,有近 50%的农村劳动力从农业生产领域流向工副业和第三产业。这种季节性的流动一方面反映了农业生产季节性很强的特点,另一方面,也说明金昌市现阶段农业机械化水平程度比较低,单位农业劳动力的生产效率有待提高;同时,也说明在金昌市,特别是永昌县仍然有一定数量的尚未登记在册的潜在失业人口。

金昌市的农村劳动力的总体素质有待提高。如大专以上的农村劳动力数量几乎为零，高中学历的仅占全部劳动力的 13.2%，初中学历的仅为 39.2%，小学学历的 34.7%，文盲和半文盲占 12.9%。相对低下的劳动力素质,导致农闲时机农村劳动力只能从事体力型的工副业,如建筑、运输和餐饮等服务业。

三、武威市的人口及人力资源

(一)武威市人口的总体状况

截至 2007 年,武威市的总人口 190.16 万人,是甘肃河西走廊第一人口大市。武威市人口的总体状况及各县区发布见表 1–17。

表 1–17　武威市人口状况(2007 年)

项目	全市	凉州区	民勤县	古浪县	天祝县
常住人口/万人	190.16	99.48	30.00	39.32	21.36
当年出生人口/万人	1.53	0.86	0.20	0.27	0.19
当年死亡人口/万人	0.67	0.38	0.10	0.09	0.10
自然增长率/‰	6.43	6.38	6.18	6.58	6.72
农业人口/万人	156.79	78.21	24.53	36.53	17.51
非农业人口/万人	31.82	21.65	3.67	2.76	3.74

资料来源:2008 年《武威统计年鉴》,349 页。

(二)武威市的人口特征

1.全市人口平均密度较小,但各县区之间分布极为不均

全市人口密度为 57.21 人/km^2,低于甘肃干旱地区和河西地区

的平均人口密度。但该市的人口主要集中在自然条件相对较好的凉州区，该区人口占全市的52.3%，人口密度高达195.79人/km²，反而远高于甘肃和全国的平均水平（分别为133和135人/km²）。民勤县和天祝县由于自然条件极为恶劣（前者为绿洲、半荒漠、沙漠区，后者为高寒山区），人口相对稀少，分别为18.88和29.89人/km²。因此，可以说，尽管武威市的总体人口密度不大，但就其所处的自然环境而言，人口密度已经超越了自然环境的承载能力。

2.人口的自然增长率相对稳定，已经进入老龄化社会

全市的人口自然增长率6.43‰，除属于民族自治县的天祝县人口自然增长率较高为6.72‰外，凉州区、民勤县和古浪县各县区均低于全市的平均值。全市60岁以上老人已达19.9万人，占总人口的10.3%，按国际人口老龄化计算标准，武威市已进入人口老龄化阶段；这对于一个经济尚处于欠发达的、以农业为主的地区，老年队伍的增大，将对社会发展产生很大的影响，养老难度的加大，也将给社会、家庭带来一系列问题。

3.农业人口占总人口的比例很大

全市农业人口占总人口的比例高达82.45%，即使武威市的首府凉州区，农业人口也占总人口的78.62%。农业人口的比例过大，一方面反映了武威市的经济过度倚重农业，另一方面也说明该市的工业化进程仍有漫长的道路要走。

（三）武威市的劳动力资源

劳动力资源是现阶段武威市最为丰富的资源，全市现有劳动力122.6万人，占全市总人口的64.47%，处于武威市历史上的最高峰，说明武威市的人口红利处于最大值。2005—2007年武威劳动力资源情况见表1-18。

表 1-18　武威市劳动力资源和从业人员　　万人

项目		2005 年	2006 年	2007 年
劳动力资源		120.18	120.95	122.60
从业人员数		104.32	105.14	105.60
其中:第一产业		60.34	60.13	60.51
第二产业		12.27	12.68	13.81
第三产业		31.71	32.33	31.28
按行业性质划分	城镇职工	9.22	9.26	9.31
	农村劳动力	57.92	58.09	57.92
	乡镇企业从业人员	12.72	12.75	12.74
	私营和个体从业人员	14.71	14.97	15.03
	失业人员	0.40	0.43	0.45

资料来源:2008 年《武威统计年鉴》,350 页。

武威市劳动力资源具有以下几个特征:

1.劳动力主要就业领域是第一产业

2007 年,全市全部从业人员 105.60 万人,其中有 60.51 万人从事农业,比例高达 57.30%。从事第二产业的仅为 13.08%,第三产业的为 29.62%。劳动力在第一产业的高度集中,一方面反映了武威市第二产业落后,对劳动力的需求不足,另一方面也反映了武威市劳动力的素质有待提升。

2.劳动力的增量相对稳定

2005—2007 年仅增加了 2.42 万人, 年均增加劳动力占全部劳动力的 9.91‰。可以预测,随着计划生育政策效果的显现,今后的劳动力数量将逐步减少。

3.登记失业率不高,潜在失业率较高

2005 年的城镇登记失业率为 3.3‰, 潜在失业率为 13.18%, 2006 年的分别为 3.6‰和 13.07%,2007 年的分别为 3.3‰和

13.87%。这说明,武威市劳动力就业压力很大,劳动力市场需要拓宽,既要发展劳动密集型产业,也要考虑加大劳动力对外转移的力度。

4.劳动力受教育程度较低

根据已有的统计资料,在武威市现有(2008 年)劳动力资源中,具有大专以上教育程度的只占总数的 6%左右,中专程度的为 14%左右,高中程度的为 22%左右,小学和初中程度的为 44%,文盲和半文盲为 14%。这种劳动力受教育程度不仅低于全国的平均水平,而且在西部地区也属于较低的。

(四)农村劳动力资源

武威市自古以来就是人口相对密集的地区,具有丰裕的劳动力资源。全市现有农村劳动力高达 95.74 万人,相对于现有耕地,农村劳动力过剩较为明显,全市平均单位劳动力可耕作土地仅为 3.01 亩,最低的天祝县仅为 0.46 亩(见表 1-19)。

表 1-19　武威市农村劳动力资源(2007 年)　万人

项目	全市	凉州区	民勤县	古浪县	天祝县
乡村人口	159.70	80.97	24.24	36.71	17.78
农村劳动力资源总量	95.74	46.85	13.83	23.95	11.11
其中:从业人员	83.44	41.21	11.94	19.96	10.33
16 岁以上在校学生	5.85	2.48	1.06	2.00	0.31
家务劳动人数	5.29	2.43	0.78	1.70	0.38
其他	1.16	0.73	0.05	0.29	0.09

资料来源:2008 年《武威统计年鉴》,73 页。

武威市农村劳动力具有以下特点:

1.总量较大,但劳动力后备资源不足

全市乡村总人口高达 159.70 万,劳动力仅占总人口的 60%;凉州区为 58%,即使较高的天祝县,劳动力也只占总人口的 62%。这说明武威市广大农村的人口红利已经消失,老龄化快速到来。

2.农村劳动力的素质较为低下

根据我们的调查测算，全市农村劳动力中，具有大专以上文凭的几乎为零，高中以上学历的不足15%，初中以上学历的也仅占23%，小学学历的约40%，其余为文盲和半文盲。全市农村后备劳动力资源中(我们用16岁以上在校学生数量占全部乡村人口比例来说明)，受教育程度较高者(初中以上学历)仅占乡村总人口的3.7%，最低的是天祝县，为1.7%。不可思议的是地理和人文环境较为优越的凉州区只有3.1%，反不及条件较差的民勤县(4.4%)和古浪县(5.4%)。

3.农村劳动力供给的富余和不足并存

由于耕地面积不足、水源的限制，大量的农村剩余劳动力以潜在失业的形式存在，难以就业；同时，由于本地农村劳动力素质相对不高，难以满足本地一些技术要求较高的行业对劳动力的需求，如建筑、机械、电力等。甚至在城区从事小商小贩、家用电器安装维修的也以外来劳动力为主。

参考文献

[1]刘生龙，胡鞍钢.基础设施的外部性在中国的检验：1988—2007[J].经济研究，2010(3)：4-15.

[2]孙柏瑛，祁光华.公共部门人力资源管理[M].北京：中国人民大学出版社，1999.

[3]林乐芬.发展经济学[M].南京：南京大学出版社，2007.

[4]谭崇台.发展经济学的新发展[M].武汉：武汉大学出版社，2005.

[5]余永定，张宇燕，郑秉文.西方经济学[M].3版.北京：经济科学出版社，2002.

第二章　石羊河流域国民经济概况

第一节　国民经济核算理论

国民经济核算是指对一国或地区一定时间内所创造的全部物质产品和劳务的价值的测度，对这种价值通常冠以国民收入。最早提出国民收入核算的是美国经济学家库兹涅茨，他认为，国民收入可以从三种不同的角度定义：一是指一个国家的人民所生产的商品和劳务的总价值；二是一个国家的人民由于协作生产这些商品和劳务所取得的收入；三是指这些既是生产者又是消费者这样双重身份的居民从他们收入中消费的商品和劳务。

目前，世界各国用于衡量国民收入的指标有国民生产总值(Gross National Product,简称 GNP)、国民生产净值(Net National Product,简称 NNP)、国内生产总值(Gross Domestic Product,简称 GDP)、国内生产净值(Net Domestic Product,简称 NDP)、个人收入(Personal Income,简称 PI)和可支配收入(Disposable Personal Income,简称 DPI)。其中，最常用的是 GDP 和 GNP。

GNP 和 GDP 的核算方法主要有收入法、支出法和增加值法三种。这三种方法的基本原理都是将参与国民经济创造的几个方面看成一个互相紧密联系且利益相对独立的有机整体，从不同的侧面加总其贡献。

一、收入法

该方法是从生产过程中产生的收入流量的角度计算国民生产总值。具体项目有工资收入、租金收入、利息收入和利润收入，这几项之和就是国民生产总值。

二、支出法

该方法是从国民经济创造过程中的各种支出的角度计算国民生产总值。在四部门模型中,具体按照如下公式进行计算。

$Y=C+I+G+(X-M)$

其中,Y 为国民生产总值,C 为消费支出,I 为投资支出,G 为政府采购支出,X 为出口,M 为进口。

三、增加值法

这是根据生产过程中各个阶段产品的增值来计算国民生产总值。在实际计算中,通常把经济中的企业按几大部门分类,加总各个部门的增值,得到国民生产总值。

第二节　金昌市国民经济状况

自 1981 年金昌市建市以来，全市的经济一直以较高的速度增长,经济结构也呈现出工业化的趋势,见表 2–1。

表 2–1　金昌市近些年经济总量状况

年份	全市/亿元	第一产业/亿元	第二产业/亿元	第三产业/亿元	人均 GDP/元
1981	3.253	0.526	1.834	0.893	1066
1982	3.462	0.577	1.928	0.957	1117
1983	3.970	0.690	2.253	1.027	1255

续表 2-1

年份	全市/亿元	第一产业/亿元	第二产业/亿元	第三产业/亿元	人均 GDP/元
1984	5.018	0.768	3.128	1.122	1568
1985	5.855	0.791	3.843	1.221	1748
1986	6.449	0.883	4.188	1.378	1847
1987	7.317	0.962	4.799	1.555	2059
1988	9.644	1.002	6.806	1.835	2672
1989	11.391	1.187	8.038	2.165	3108
1990	13.690	1.212	9.886	2.591	3661
1991	15.177	1.272	11.143	2.757	3972
1992	16.599	1.308	12.265	3.027	4270
1993	20.159	1.681	14.893	3.585	5082
1994	24.123	2.926	16.922	4.275	5964
1995	28.277	3.875	19.562	4.840	6859
1996	33.133	5.399	22.450	5.285	7831
1997	31.915	5.275	20.987	5.653	7358
1998	30.761	5.062	19.659	6.040	7002
1999	32.874	5.074	20.663	7.137	7405
2000	37.104	5.165	23.852	8.087	8251
2001	42.648	4.899	28.004	9.745	9394
2002	48.651	5.253	30.978	12.420	10646
2003	58.712	5.341	38.324	15.047	12780
2004	91.821	5.903	68.685	17.283	19888
2005	115.869	7.984	89.471	19.299	24950
2006	152.61	—	—	—	—
2007	213.22	—	—	—	—
2008	194.43	—	—	—	—

资料来源:2008 年《金昌年鉴》,205 页。

2008年全市共实现地区生产总值192.26亿元，按可比价计算，比2007年增长12.03%。其中，第一产业增加值9.63亿元，增长0.68%；第二产业增加值155.53亿元，增长5.79%；第三产业增加值27.1亿元，增长9.86%。按当年常住人口计算，人均GDP达到40772元(当年价，约合美元5996元)，比2007年增加5.33%。在金昌市的GDP总量中产业之间、县区之间均有较大的差异。具体见表2–2。

表2–2 2008年全市生产总值

指标	全市		分县区状况			
			永昌县		金川区	
	绝对数/亿元	增速/%	绝对数/亿元	增速/%	绝对数/亿元	增速/%
生产总值	192.26	6.2	32.96	7.01	159.3	6.04
第一产业	9.63	0.68	7.57	0.19	2.06	2.29
第二产业	155.53	5.79	16.19	8.56	139.35	5.57
第三产业	27.1	9.86	9.2	9.57	17.89	10.0
人均GDP	40772元	5.33	12773元	6.22	74614元	5.15

在GDP总额中，第二产业的贡献高达80.9%，远大于第一和第三产业贡献之和，这种结构非常罕见。金昌市的农业产业难以大规模发展的原因是水资源的限制。但令人困惑的是第二产业的迅猛发展，为什么没有带动第三产业的发展。在金昌市下辖的两个县区中，除第一产业外，人口较少的金川区的GDP总额是人口较多的永昌县的4.83倍，人均值是5.84倍，第二产业是8.61倍，第三产业是1.93倍。金川区的经济实力强于永昌县的原因主要有：一是中国最大的镍生产基地金川公司位于该区，仅该公司的工业总产值就占据全区的85%左右；二是金川的区位优势明显，积聚了第二产业和第三产业的投资，使其成为金昌市的经济中心。

一、消费

2008 年，全市实现社会消费品零售总额 27.95 亿元，比 2007 年增长 18.41%。其中城市消费品零售额 18.63 亿元，增长 19.45%；县及县以下消费品零售额 9.32 亿元，增长 16.4%。分行业看：批发零售贸易业零售额 23.29 亿元，增长 18.65%；住宿和餐饮业零售额 4.66 亿元，增长 31.13%。从规模看：全市限额以上批发零售业实现零售额 6.63 亿元，增长 32.9%；限额以下批发零售业实现零售额 16.66 亿元，增长 13.8%。

2008 年，消费尽管年增幅高达 18.41%，但其在 GDP 中的份额仅为 14.89%，远低于全国和全省约 30%的水平。消费如此之低，根据我们的调查，主要原因有：一是本地居民的收入差距较大，低收入阶层的消费需求不足；二是本地的服务业还有待提升，例如，本地居民的一些奢侈品购买地是兰州、北京、上海，甚至是国外；三是由于教育、医疗以及对未来收入的预期不明确，导致居民收入的边际消费下降。

全市城镇居民仅占总人口的 50%，但消费份额高达 66.65%，农村居民的消费份额仅为 33.35%，即使扣除部分农村居民在城市购买高档商品的消费支出，也可以得出城乡居民的消费差距较大的结论。

因此，初步的结论是，金昌市的消费水平较 GDP 很低，通过发展第三产业、增加政府对教育和医疗的投入、缩小城乡差距等政策措施，有可能使当地的 GDP 结构更加合理。

二、投资和储蓄

2008 年，全市完成全社会固定资产投资 73.34 亿元，比 2007 年增长 18.48%（见表 2-3）。其中，城镇投资 68.22 亿元，增长

19.23%;农村投资 5.12 亿元,增长 9.27%。全市共实施投资项目 419 个,其中新开工项目 275 个,本年投产项目 150 个;500 万元以上项目个数 118 个,同比增加 6 个。民间投资 28.02 亿元,增长 48.18%,占全社会投资的 38.21%,比重比上年提高 7.66 个百分点。

表 2-3　全社会固定资产投资

<table>
<tr><th colspan="2">指 标</th><th>2008 年/亿元</th><th>比上年增加/%</th></tr>
<tr><td colspan="2">全社会固定资产投资</td><td>73.34</td><td>18.48</td></tr>
<tr><td colspan="2">中央、省属</td><td>37.96</td><td>17.62</td></tr>
<tr><td colspan="2">地方</td><td>35.38</td><td>19.41</td></tr>
<tr><td colspan="2">其中:永昌县</td><td>18.87</td><td>31.73</td></tr>
<tr><td colspan="2">金川区</td><td>7.11</td><td>-41.03</td></tr>
<tr><td colspan="2">开发区</td><td>3.71</td><td>14.26</td></tr>
<tr><td rowspan="3">按产业分组</td><td>第一产业</td><td>1.36</td><td>67.67</td></tr>
<tr><td>第三产业</td><td>58.58</td><td>22.6</td></tr>
<tr><td>第二产业</td><td>13.40</td><td>0.66</td></tr>
</table>

资料来源:2009 年《金昌年鉴》,25-26 页。

其中，全市完成房地产开发投资 1.99 亿元，同比增长 10.49%。商品房销售面积 25.31 万 m^2,下降 15.69%,其中住宅面积 27.32 万 m^2,下降 9.22%;商品房销售额 2.28 亿元,下降 26.69%。

在金昌市的 GDP 中,投资份额占 39.8%,远高于消费份额,甚至比我国的平均水平(33%左右)高出近 7 个百分点。表现为典型的投资拉动型经济。高投资意味着未来产能的增加。因此,今后一定时期内,全市的 GDP 将继续快速增长。

按照统计资料,2008 年末，全市金融机构本外币各项存款余额 140.02 亿元,比 2008 年初减少 5 亿元,与 2007 年同期相比下降 3.45%。本外币储蓄存款余额 71.14 亿元，比 2008 年初增加

12.51 亿元,同比增长 21.34%。储蓄占 GDP 的比例高达 37.0%,远高于我国 2008 年储蓄在收入中占 46%的比例(徐洪才,2009)。这实在是一个惊人的比例。目前,难以弄清的是从统计资料中所得的“存款余额”中,来自当年的“存款余额”究竟占多大的比例,因此单从该项数据计算所得的结论与前面根据个人边际储蓄计算的数据是矛盾的。在庞大的金融机构本外币存款余额中,金融机构本外币各项贷款余额 113.08 亿元,比 2008 年初新增贷款 8.91 亿元,同比增长 5.73%(见表 2–4)。

表 2–4　全市金融机构人民币存贷款

指 标	2008 年末数/亿元	比年初增加额/亿元	比上年增长/%
各项存款余额	139	–5.77	–3.99
其中:企业存款	41.64	–23.67	–36.24
储蓄存款	70.90	12.50	21.42
各项贷款余额	110.72	32.14	36.07
其中:工业贷款	58.28	40.72	218.12
商业贷款	8.25	2.17	26.34
农业贷款	5.30	1.49	12.29

资料来源:金昌市政府网,2009 年 5 月。

三、地方进出口

2008 年,金昌市累计实现进出口贸易总额($X+M$)33.06 亿美元,增长6.11%,占全省进出口总额的 54.33%,增速较 2007 年同期下降了 69.89 个百分点。其中出口额 1.77 亿美元,增长 15.39%;进口额 31.3 亿美元,增长 5.63%。净进出口($X-M$)为–29.6 亿美元,约合人民币 201.28 亿元。金昌市的进出口主要涉及有色金属产品和原材料。

四、政府财政收入

在我国，地方政府的财政收入来源主要是国税返还、地税、规费和来自上级政府的转移支付。财政收入主要用于财政公职人员工资发放、政府采购、地方基础设施建设、医疗教育等公用事业支出、社会保障及困难家庭补贴等方面。2008年，全市实现大口径财政收入38.67亿元，同比下降23.13%；地方财政收入9亿元，增长6.85%。其中市本级财政收入6.11亿元，增长0.67%；永昌县财政收入1.05亿元，增长19.76%；金川区财政收入1.84亿元，增长24.62%。全市财政支出17.57亿元，增长10.38%。2008年大口径财政收入下降的主要原因是由于美国次贷危机引起的连锁反应所致：前已述之，对金昌市财政贡献最大的是金川有色金属公司，该公司产品的主要市场是国外及东部沿海地区直接或间接外向型企业，受美国次贷危机的影响，国内外市场均对金川公司产品的需求迅速下降。例如，2008年9月，该公司主导产品镍的售价由2007年同期价格42万元/t下降至9万元/t，仅此一项，金川公司的销售收入减少了264亿元，相应的纳税额大幅下降。

第三节 武威市国民经济总量

2007年，武威市GDP总额为187.65亿元(人民币)，按可比价计算，比2006年增长12.03%。其中：第一产业实现增加值47.96亿元，增长4.87%，第二产业实现增加值66.61亿元，增长16.35%，第三产业实现增加值73.08亿元，增长12.97%。第一产业对GDP的贡献是25.56%，第二产业的是35.4%，第三产业的是38.94%。全市人均GDP达到9868元，比2007年增加了18.9%。但各县区差异较大。具体见表2–5。

表2–5 2007年武威市分县、区生产总值

指标	凉州区	民勤县	古浪县	天祝县
生产总值/万元	1262831	265300	188703	150792
第一产业/万元	292611	111845	52122	22990
第二产业/万元	490019	60655	58866	55821
第三产业/万元	480201	92800	77715	71981
人均GDP/元	12723	8823	4815	7070

在武威市的各县区中，凉州区无论GDP总量还是人均值，均位居全市之首。其GDP总量和人均GDP分别是民勤县的4.76和1.44倍，古浪县的6.69和2.64倍，天祝县的8.37和1.80倍。凉州区相对发达的第二和第三产业是导致其与民勤县等县GDP巨大差距的主要原因。我们认为这主要是由于凉州区的区位优势，使其成为全市的第二和第三产业集聚中心。例如，凉州区的第二产业增加值分别是民勤县的8.08倍、古浪县的8.32倍、天祝县的8.78倍；第三产业是民勤县的5.17倍、古浪县的6.18倍、天祝县的6.67倍。集聚的第二和第三产业，带动了凉州区的地方经济发展，最终必然会拉大该区和其他县区的距离。

一、消费

在武威市的GDP中，消费占较大的比例，2007年，全社会消费总额达78.9亿元，占GDP的42.4%，这在全省各地州市并不常见。城乡之间、县区之间的具体数据见表2–6。

表 2-6 2007 年武威市城镇居民消费支出 万元

项目	全 市	凉州区	民勤县	古浪县	天祝县
居民消费	788960	469220	114531	98218	50958
其中:农村居民	309723	151753	75744	84840	19666
城市居民	479237	317467	38787	13378	31291

武威市的居民人均消费支出(当年价)是 4156 元,但城乡居民之间的消费差距较大,城市居民的人均消费支出为 7814 元,而农村居民仅为 2410 元,前者是后者的 3.24 倍。各县区之间的消费支出差异也很大,城市居民消费支出最高的凉州区是最低的天祝县的 13.32 倍，农村居民消费支出最高的民勤县是最低的天祝县的 2.49 倍。由此可以看出武威市巨大的城乡之间和县区之间的差距。

二、政府采购

2007 年，全市政府采购总额是 214763 万元，占 GDP 的 11.44%,这个比例无论在省内其他地区还是在武威市的历史上均属于较高的。其中凉州区 123615 万元，民勤县 25086，古浪县 13021 万元,天祝县 12650 万元。武威市的政府采购主要集中在农业基础设施领域,相对庞大的政府采购,对地方产业和 GDP 的增长具有乘数效应。

三、投资

2007 年,武威市全市投资总额为 87.74 亿元(见表 2-7),占当年 GDP 的 46.75%,这在全省各地州市中都是极为罕见的。

表 2-7　武威市 2007 年投资状况　　万元

投资	全市	凉州区	民勤县	古浪县	天祝县
资本形成总额	877399	663817	85703	76987	83612
其中:固定资本形成总额	772931	557488	79745	72456	64782
存货增加	104468	106329	5958	4531	18830
其中:第一产业	84169	56376	34600	6498	4113
固定资本形成总额	70463	42881	32820	5264	503
存货增加	13706	13495	1780	1234	3610
第二产业	231936	175149	31460	44958	32784
固定资本形成	193833	142025	30050	41877	19632
存货增加	38103	33124	1410	3081	13152
第三产业	561294	482292	19643	25531	46715
固定资本形成总额	508635	372582	16875	25315	44647
存货增加	52659	59710	2768	216	2068

在武威市的当年投资中,第三产业的投资比重最大,占总投资的 63.97%,其次是第二产业,占 26.43%,第一产业的投资额最小,仅为 9.59%。大规模的投资集中于第三产业,说明该产业仍然具有发展空间。在全部第三产业的投资中,凉州区占了 85.93%,其余三县的总和为 91889 万元,仅占 16.37%。各县区之间的这种投资比例,符合区域经济学中的产业集聚理论,也印证了本文前面所提出的凉州区具有明显的区位优势的观点。由此,我们可以进一步地判断出,在未来的一定时期内,凉州区的第三产业将有一个较大的发展,其在地方 GDP 中的比例会进一步提高。

四、财政收入

尽管近些年武威市的财政收入一直快速增长,平均增长速度接近 10%,特别是 2006—2007 年,增长幅度高达 13.5%,但由于武威市的财政收入的基数很低,所以财政收入的总量仍然较低(见表 2-8)。

表 2-8　2007 年武威市财政收入　万元

指　标	全市	凉州区	民勤县	古浪县	天祝县	市级
大口径财政收入	71956	46958	6271	5746	10831	2150
一般预算收入	35189	13388	3218	2740	4748	11095

在全市的大口径财政收入中，凉州区占全市的 65.26%，市级仅占 2.99%，民勤县仅占 8.72%，古浪县为 8.0%，天祝县为 15.1%。各县区财政收入比例，间接反映了当地的产业结构。自 2006 年取消农业税以来，以农业为主的民勤县和古浪县两县，税收大幅度减少。凉州区财政收入之所以位居武威市之首，得益于该区的区位优势集中了全市的主要工业和第三产业。

近些年，武威市始终处于财政收支入不敷出的地步，财政收支缺口一直大于 50%。例如 2006 年，全年财政支出 21.98 亿元，一般预算收入仅为 3.13 亿元，财政支出缺口为 18.85 亿元，缺口占财政支出的 85.76%；2007 年财政支出 30.04 亿元，一般预算收入仅为 3.52 亿元，收支缺口高达 26.52 亿元，收支缺口占财政支出的 88.28%，天祝县、民勤县和古浪县，财政收入占财政支出的比例不足 10%，为典型的财政赤贫县。由于武威市的产业结构尚无大的调整，财政入不敷出的局面在短期内可能不会有根本的改变。

第四节　流域农业经济

一、金昌市农业产业

(一)农业产业结构

农业尽管在金昌市的国民经济中居于次要位置，但近些年，由于“三农”问题正在引起全社会的广泛关注，金昌市委、市政府对农业高度重视,出台了一系列鼓励和扶持农业的政策,使金昌市的农业快速稳步发展,取得了显著的成绩。

金昌市的农业产业以种植业为主,养殖业为辅。在种植业中,粮食作物的种植占据主导地位。2008 年,全市农作物播种面积103.37 万亩,比 2008 年增加 4.33 万亩,同比增长 4.37%。其中,粮食作物播种面积为 76.55 万亩,增加 4.26 万亩,增长 5.89%。小麦播种面积 21.06 万亩,减少 0.85 万亩,下降 3.88%;啤酒大麦面积41.81 万亩,增加 6.2 万亩,增长 17.41%;玉米面积 10.72 万亩,减少0.77 万亩;油料面积 6.01 万亩,增加 2.74 万亩;蔬菜面积 13.32 万亩,减少 0.71 万亩;瓜果面积 0.66 万亩,减少 0.02 万亩;药材 0.74万亩,减少 0.25 万亩;其他作物 5.58 万亩,减少 1.23 万亩。受饲料价格上涨等因素影响,畜牧业生产出现波动,但整体保持稳步增长。2008 年全市畜禽总饲养量为 190.09 万头(只),同比增长15.7%。其中羊饲养量为 91.46 万只,增长 5.93%;猪出栏 6.09 万头,增长 2.18%;牛出栏 0.76 万头,下降 11.63%;羊出栏 19.46 万只,增长 8.72%;鸡出栏 32.44 万只,增长 91.84%。畜禽存栏数和主要产品产量见表 2-9。

表 2-9 畜禽存栏数和主要畜产品产量

指标	2008 年	比上年增加/%
大牲畜年末存栏数	4.13 万头	-7.61
其中:牛存栏数	3.53 万头	9.25
猪年末存栏数	7.14 万头	9.01
羊年末存栏数	72 万只	5.2
鸡年末存栏数	47.39 万只	9.95
肉类总产量	9107.26 t	10.35
其中: 猪肉	4263 t	2.18
羊肉	3113.6 t	8.72
牛肉	760 t	-11.63

续表 2-9

指标	2008 年	比上年增加/%
禽肉	356.84 t	91.84
禽蛋	1895.6 t	9.95
牛奶	22820 t	-5.02

为了加快农业产业发展、提高农业生产效率，2008 年金昌市有关部门共投入“三农”资金 4.28 亿元，同比增长 10.88%。落实国家粮食补贴、良种补贴等各类补助资金 5903 万元；新增市级龙头企业 8 家，农村合作经济组织 17 家，建成国家级农业标准化示范区 3 个，省级示范区 2 个，全市新发展规模养殖户 549 户，累计达到 2.39 万户，其中规模养羊户 1.53 万户；新建配套舍饲养殖示范小区 15 个，养殖小区总数达到 58 个，使金昌市的农业生产条件、产品销售渠道得以改善。

根据已有的统计资料，金昌市的农业产业结构中，大田播种的种植业占据的比例似嫌过大，特别是粮食作物面积占总播种面积的 74.05%，这种结构不利于可持续发展，因为从前面要素禀赋章节中的分析可知，缺水是金昌市经济发展的主要瓶颈，大面积粮食作物种植耗水量非常大，并且金昌市的地方财政有能力支持农业基础设施和技术引进推广。因此，金昌市的农业产业发展道路是走节水高效型农业，在减少农业耗水的条件下，提高农业产业效益，增加农民收入，而不是增加播种面积。

（二）农产品产量

在金昌市的主要农产品中，蔬菜产量居于第一位，全市人均产量 1.04 t，粮食位居第二位，人均产量 0.72 t。尽管一些具体作物的数量年增幅不同，但农产品总体产量逐年增加，大宗农产品基本能够自给，肉、蛋、奶等副食品产量也在迅速增加，本地产品市场占有率 70%以上。具体产量和品种见表 2-10。

表 2-10　主要农产品产量

指标	2008 年/t	比上年增加/%
粮食	333149	-2.75
其中：小麦	78630	-12.22
大麦	170073	2.83
玉米	66951	-2.83
马铃薯	17136	-5.67
油料	11921	-28.8
药材	6841	1.11
黑瓜子	651	-45.52
蔬菜	482257	-0.7
瓜类	25692	1.71
水果	7244	2.46

(三)农业产业的制约因素分析

尽管金昌市的农业发展速度较快，但水资源短缺、技术水平不高、市场销售不畅正在成为其农业产业发展的主要制约要素。

1.水资源短缺问题

金昌市农业用水供需缺口很大，现有耕地的25%左右由于缺水不能耕种，形成撂荒地，另有30%左右耕地灌溉不足，难以实现稳产、高产。由于气候变迁，祁连山冰雪融水越来越少、“引硫济金”工程来水有限、工业用水居高不下和生态用水比例逐步提高等综合因素的影响，在未来一定时期内，农业用水供需矛盾不但不会缓解，反而有加剧的趋势。面对这种局面，唯一的解决途径是发展节水农业，例如，现阶段正在金昌市的双湾镇示范推广的滴灌技术和石羊河流域大规模建设的塑料大棚，就是很好的发展模式。

2.技术制约问题

农业技术水平的直接衡量指标是“科技进步贡献率”。科技进步贡献率是指科技进步对经济增长的贡献份额。它是衡量区域科技竞争实力和科技转化为现实生产力的综合性指标。对于科技进步贡献率的测算,主要采用生产函数法。这是目前国内外理论界广泛采用的一种方法,如生产函数模拟法、索洛余值法、CES 生产函数法、增长速度方法、丹尼森增长因素分析法等。

由于数据缺乏，金昌市的农业科技进步贡献率难以直接测算,但可以从两方面间接判断:一是截至目前,金昌市还没有成规模的农业研究机构,我们也没有检索到来自金昌市的重要农业科技成果;二是农产品的单位产量并不高,如 2007 年小麦平均亩产 409.77 kg,谷物 445.51 kg,豆类 283.33 kg,玉米 558.37 kg,薯类 618.56 kg,与全省其他地区相比均处于中下水平,远低于全国最高水平。由此,我们可以初步断定,金昌市的农业科技进步贡献率处于较低水平。当然,单位产量的高低取决于生产条件、管理水平等多项因素,但技术水平肯定也是一个重要因素。

3.市场制约问题

金昌市地处人口相对稀少的河西走廊,距离省会城市和其他大的消费水平较高的城市较远,也没有规模经济,对外销售的成本很高。因此农副产品的主要市场在本市,但由于本地市场需求有限,容易形成季节性波动,特别是供大于求。显然,金昌市农产品的大发展要靠外地市场,而规模经济和树立品牌才是走向外地市场的基本条件。

二、武威市农业产业

武威市自古以来就以其具有一定优势的农业产业著称，“银武威”称谓的产生就是由于武威市人民能够长期丰衣足食,安居乐业。农业产业一直是武威市的主导产业，近几年，由于工业和第三产业的快速发展，农业在GDP中的比重略有下降，但截至2007年，仍然位居第二，高达35.50%。

（一）大宗农产品种植面积和产量状况

作为甘肃重要的农产品基地，近些年，武威的农作物播种总面积、总产量以及农产品的种类，均处于全省前列。全市主要作物种植和产量见表2-11。

表2-11　2007年武威市大宗农产品种植面积和产量状况

项目	全市		凉州区		民勤县		古浪县		天祝县	
	总量	人均	总量	人均	总量	人均	总量	人均	总量	人均
谷物播种面积/亩	1837600	0.966	980900	0.986	277400	0.925	484400	1.232	94800	0.444
谷物产量/t	841097	0.442	546797	0.550	142660	0.476	130104	0.331	21535	0.101
豆类播种面积/亩	213100	0.112	36800	0.037	—	—	129300	0.329	47000	0.220
豆类产量/t	29696	0.016	13354	0.013	—	—	7139	0.018	9203.5	0.043
薯类播种面积/亩	270400	0.142	142500	0.075	8500	0.028	83000	0.211	36300	0.170
薯类产量/t	99072	0.052	66519	0.067	3896	0.013	20860	0.053	7797	0.037
棉花种植面积/亩	232700	0.122	—	—	232700	0.776	—	—	—	—
皮棉产量/t	26001	0.014	—	—	26001	0.087	—	—	—	—
油料种植面积/亩	226300	0.119	110900	0.111	32700	0.109	47200	0.120	35500	0.166
油料产量/t	39664	0.021	17977	0.018	10598	0.035	7563	0.019	35245	0.165
甜菜种植面积/亩	26100	0.014	16700	0.017	—	—	9400	0.024	—	—
甜菜产量/t	78981	0.042	55528	0.056	—	—	23453	0.060	—	—
蔬菜播种面积/亩	512900	0.270	310000	0.312	101900	0.340	53700	0.137	47300	0.221
产量/t	1334139	0.702	1064894	1.07	134413	0.448	91832	0.234	43000	0.201
瓜类播种面积/亩	50300	0.026	20100	0.02	21800	0.073	6000	0.015	2400	0.011
产量/t	170164	0.089	69032	0.069	84840	0.283	11792	0.030	4500	0.021

武威市种植的农作物种类繁多，凡我国北方地区种植的主要夏秋作物在武威市均有种植，表 2-11 仅列入了主要大宗作物的类型(现阶段种植的作物详细种类参见 2008 年《武威统计年鉴》74-77 页)。这种种植结构，具有自给自足型经济的典型特征。

从各县区的种植结构看，凉州区以谷物和蔬菜为主，民勤县以谷物、棉花、蔬菜和瓜类为主，古浪县以谷物、豆类、薯类、油料及药材为主，天祝县以谷类、豆类、油料、蔬菜和药材为主。这种种植结构反映了各县区农业生产条件和区位特性。

在武威市的大宗农产品中，谷物除满足本地市场外，还有一部分销往省内外其他地区。特别是近些年，出现了一批面粉加工企业，生产的产品在兰州等大中城市具有了一定的市场占有率。民勤县和凉州区主产的蔬菜、瓜类和花卉除满足本地市场外，40%～60%的产量销往外地，古浪县和天祝县的药材主要销往全国主要大城市。

(二)农副产品数量

武威市的农副产品无论是数量还是质量在省内外均有一定的知名度。大量的副食品生产，不但满足本地人民生活的需要，而且正在成为武威市大宗外销的主导产品。2007 年武威市农副产品产量见表 2-12。

表 2-12　2007 年武威市农副产品存量和产量

项目	全市		凉州区		民勤县		古浪县		天祝县	
	总量	人均	总量	人均	总量	人均	总量	人均	总量	人均
水果产量/t	90337	0.048	41347	0.042	24990	0.083	24000	0.061	—	—
肉类产量/t	120844	0.064	74406	0.075	1628	0.005	16244	0.041	13915	0.065
奶类产量/t	10216	0.005	5106	0.005	260	0.001	2908	0.007	1940	0.009
猪存栏/只	1026700	0.540	675000	0.679	102000	0.340	176500	0.449	73200	0.343
羊存栏/只	2473000	1.300	827000	0.831	850900	2.836	330000	0.839	465100	2.177
大牲畜/头	624100	0.328	306500	0.308	101200	0.337	78700	0.200	137700	0.645

武威市各县区之间,农副产品的生产品种和数量均有巨大的差异,全市水果的主要产地是凉州区、民勤县和古浪县,特别是古浪县,近几年水果生产异军突起,人均产出超过了凉州区,正在成为广大农民收入的重要来源，天祝县由于其较为严酷的气候条件,水果仅有零星的种植。肉类产品的主要生产基地在凉州区、天祝县和古浪县。其中,最著名的牦牛生产基地就在天祝县,该品种已经成为甘肃知名品牌。另外,天祝县也有大量的高山草场,畜牧业是该县的主要支柱产业,尽管该县实施退牧换草工程,人均羊存栏仍有2.18只。

在武威市销往外地的农副产品中，蔬菜和瓜果是最为著名的,民勤县的各类甜瓜占本地市场的全部,兰州市场的90%以上,青海市场的几乎100%,有些甚至远销至广东、湖南、北京和上海等地;凉州区的蔬菜、天祝县的肉类远销至新疆、银川、青海和省内其他地区。

(三)加快农业产业的思考

从总体上看,武威市各类农产品的人均数量并不高,农业的经营收益还比较低，这说明农业产业面临一系列亟待解决的问题。

1.农业的种植模式有待改进

武威市土地面积极为有限,且水资源极度短缺,特别是随着国家和省上石羊河流域环境整治系列项目的实施,分配的农业用水将进一步减少,这对于主要依赖农业产业的武威市将是一个严峻的考验,必须采用节水灌溉措施,提高单位用水的经济效益,同时,选择一些经济效益比较好、耗水比较少的作物品种,以替代现行大量种植的棉花、玉米、瓜类等高耗水作物。

2.提高农业科技含量

就武威市的立地条件来说,加快科技进步步伐,是在现行自然和土地约束条件下提高农产品数量和质量的关键环节。从前面的统计资料可以看出，武威市农产品单位产量并不高，如果采用新品种和相应的管理措施，使其达到或接近全国先进水平，即使不增加耕地面积和其他要素投入，总产量至少可以在现有的基础上增加1/3以上，这必将极大地提高当地农民的收入水平。

3.加快农副产品深加工

农产品的深精加工是提高效益的一个重要措施，武威市由于地理和气候条件的影响，瓜果、蔬菜的上市季节非常集中，农产品"卖难"问题比较突出。发展农副产品深加工业，是解决"卖难"和"贱卖"的有效手段

4.发展新的农产品经营模式

广大农户由于市场信息相对短缺，容易出现盲目跟风种植，造成经济损失。典型的如2005年，由于农户对周边地区种植信息不了解、对市场需求判断有误，大量种植洋葱，产品售价急剧下降，多数以不足成本的1/5的价格销售，造成了极大的经济损失。国内一些地区正在流行的"公司+农户"的经营模式在消除农产品市场信息不完全方面具有一定优势，因此，地方政府应该在政策特别是金融和配套政策方面鼓励和支持这种模式，提高农产品经营效率，增加农民收入。

第五节　流域工业经济

一、金昌市工业

金昌市是石羊河流域也是整个河西走廊最大的工业城市，我国最主要的镍铂族金属生产基地——金川公司就坐落在该市的

金川区,金川公司生产的电解镍占全国的90%以上。就产业结构来说,该市是一个工业主导型城市,近些年工业增加值在全市GDP中的比重一直维持在80%左右。2008年全市共实现工业增加值146.43亿元,比2007年增长5.36%,增速较2007年同期下降12.58个百分点。其中规模以上工业企业实现增加值144.82亿元,增长5.35%;地方规模以上工业企业实现增加值23.48亿元,增长0.09%。

(一)规模以上工业增加值主要分组情况

2008年,全市规模以上工业企业实现销售收入639.88亿元,比2007年增长3.46%;产销率94.74%,比2007年下降了4.09个百分点;实现利税总额63.62亿元,比2007年下降45.09%;利润总额47.59亿元,比2007年下降42.82%;综合效益指数126.59%,比2007年下降66.59个百分点。全市57户规模以上工业企业中,亏损企业有19户,同比增加1户,亏损面33.33%,亏损企业亏损额0.48亿元,比2007年减少了0.04亿元(见表2-13)。

表2-13　规模以上工业增加值主要分组情况

指标	企业单位数/个	增加值/亿元
规模以上工业	57	144.82
其中:国有及国有控股企业	15	127.44
其中:大型企业	3	127.81
中型企业	6	13.24
小型企业	48	3.77
其中:轻工业	17	1.99
重工业	40	142.83
地方规模以上工业	53	23.48
其中:金川区属企业	11	1.23
永昌县属企业	28	2.53
开发区属企业	8	9.25
市属企业	6	10.46

(二)主要工业产品产量

作为我国最大的镍铂族金属生产基地,金昌市的工业生产也紧紧围绕有色金属冶炼加工这个核心产业,形成了一个集有色贵金属、生铁、化工为一体的庞大产业集群。除镍铂族金属全国知名外,铜、生铁、硫酸、盐酸、纯碱和硫酸二铵等主导产品位居全省前列。2008 年,由于美国次贷危机的连带影响,主导产品镍的产量比 2007 年减少 7.29%,生铁减少 9.62%,原煤减少 2.74%;但由于当地国企严格执行国务院“不减产、不减员”的指示,其余大宗产品的产量反而比 2007 年有了较大幅度的增加(见表 2–14)。

表 2–14 主要工业产品产量

指 标	绝对数	比上年增加/%
镍/万 t	10.44	–7.29
铜/万 t	29.00	15.91
原煤/万 t	7.10	–2.74
水泥/万 t	124.92	12.79
化肥(折纯) /万 t	7.52	6.31
生铁/万 t	27.14	–9.62
发电量 /亿 kWh	15.16	–1.91
硫酸(折 100%) /万 t	125.51	8.96
盐酸(含量 31%以上)/万 t	9.16	–0.82
硫酸二铵/万 t	26.49	65.43
纯碱/万 t	20.05	–2.31
烧碱(折 100%)/万 t	6.59	–1.72

(三)建筑业状况

建筑业是现代经济发展中的一个主要领域。受惠于近些年的高速经济增长,金昌市的建筑业也呈现出快速发展的势头。2008 年,全市建筑业完成总产值 33.58 亿元,比 2007 年增长 12.7%。全部国有及城镇集体户建筑企业签订合同金额 56.32 亿元。2008 年房屋建筑施工面积189.87万m^2,比2007年增加26.15万m^2;房屋竣工面积27.74万m^2。建筑业的快速发展,改善了城市面貌、增加了城市功能,也极大地改善了当地居民的居住条件和居住环境。

(四)金昌市工业存在的问题

尽管金昌市的工业不论是发展速度还是经济效益,均位居全省前列,常为当地人们所称道,但我们认为,金昌市的工业还存在一些问题。

1.可持续发展问题

前文已述之,金昌市工业产业的核心是镍铂族贵金属的开采冶炼,而这又依赖当地的矿藏资源,尽管金川公司的决策者已经意识到这个问题,每年要从国外进口大量的原矿,以弥补本地原矿产能不足的缺陷;但其本质仍然是资源型产业,而资源型产业就避免不了资源枯竭的宿命。根据国内外经验,防止资源枯竭引起的“荷兰病”的关键措施是未雨绸缪,及早发展替代产业。根据已有的资料看,金昌市似还没有作出发展替代产业的详细规划和相关的扶持政策措施。

2.产业链延伸问题

金昌市大宗工业产品中,占绝对地位的是电解镍和电解铜,其销售额占据工业产值的70%左右。从增值环节来看,金昌市大宗销售的产品属于工业原料,是增值空间较小的环节。因此,发展以铜、镍等有色金属为原料的深加工业是提高经济效益的关键途径。如果能够将本地出产的电解铜和电解镍中的50%加工成工业产品,则工业增加值至少可以增加若干倍。因此,大力发展有色金属深加工业,是提升金昌市产业结构、发展地方经济的有效途径。

3.产业多元化问题

在金昌市的工业产业中,呈现出大型国企占据绝对优势地位、地方中小型企业非常弱小,重化工占主导地位、轻工业弱小的局面。大型国企属于技术资本密集型产业,对解决地方劳动力就业和带动农村城市化的作用并不明显,而地方中小型企业却在这方面能够发挥很大的作用(这也可以解释为什么近五年来,金昌市的GDP快速增长,其人均值已经达到中等发达国家水平,而城市化水平却一直维持在50%左右、裹足不前的原因了)。因此,要充分认识产业多元化的价值,制定相应的政策予以扶持。

二、武威市的工业

近些年,武威的工业在快速发展,工业在GDP中的比重有了明显的增加。其中2007年的工业增加值达48.31亿元,占GDP总量的25,74%,在三大产业中位居第三。

(一)武威市工业总量及增加值

具体见表2-15。

表2-15　武威市工业总量及增加值　　万元

项目	全市	凉州区	民勤县	古浪县	天祝县	中央省属企业
工业增加值	483139.1	333101.4	42600.1	36404.0	41512.6	29621.0
限额以上	284659.0	199731.7	16500.5	21844.1	17061.7	29521.0
其中:轻工业	216850.4	181093.2	13887.7	10236.6	231.5	11401.4
重工业	67808.6	18638.5	2612.8	11607.5	16830.2	18119.6
大型企业	—	—	—	—	—	—
中型企业	64278.3	27050.9	—	9230.8	5655.5	22341.1
小型企业	220380.7	172680.9	16500.5	12613.3	11406.2	7179.9
限额以下	198480.1	133369.7	26099.6	14559.9	24450.9	—
工业总产值(现价)	1663294.8	1117577.0	150081.6	121782.2	158236.5	115617.5
其中:轻工业	561981.6	446379.0	41308.6	33638.4	1415.5	39240.1
重工业	254656.2	74090.8	10482.0	34217.8	62583.7	73281.9
大型企业	—	—	—	—	—	—
中型企业	288858.5	166834.5	—	27736.3	15326.3	78961.4
小型企业	527779.3	353635.3	51790.6	40119.9	48672.9	33560.6

武威市的工业产业以轻工业为主导，重工业相对薄弱。其中轻工业占全市限额以上工业增加值的 76.18%，重工业仅占 23.82%。这其中又以小型企业为主，其增加值占全部工业增加值的 77.42%，中型企业的为 22.58%，大型企业为零。武威市的这种构成和金昌市的正好相反。

在武威市的三县一区中，凉州区的工业增加值最高，占全市的 68.95%，超过其余三县的总和。古浪县的最为薄弱，仅占全市的 7.5%，可以说，全县几乎没有像样的工业企业。与金昌市形成强烈对比的是：武威市几乎没有大型国有企业，而金昌市则没有成规模的中小型轻工企业。

（二）规模以上工业总产值主要分组情况

将武威市的工业产业进一步细化分析就会发现，武威市企业生产涉及的领域比较广，并且单个企业的规模很小，具有“小而全，小而弱”的特点。具体情况见表 2-16。

表 2-16　武威市规模以上工业总产值主要分组情况

项目	全市		凉州区		民勤县		古浪县		天祝县		中央省属企业	
	数量	增加值	数量	增加值	数量	增加值	数量	增加值	数量	增加值	数量	增加值
总计	173	284659.0	91	199731.0	22	16500.5	14	21844.1	28	17061.7	18	29521.0
煤炭企业	5	21690.4	1	1854.5	1	1522.0	—	—	3	18313.8	—	—
非金属矿采选	2	3050.5	—	—	—		—		2	3050.5	—	—
农副食品加工	46	327007.7	33	292341.2	5	6921.0	5	16524.9	1	1296.9	2	9923.7
食品饮料制造	24	125958.4	14	92244.7	2	5214.3	3	9102.0	1	118.6	4	19280.8
纺织皮革	12	37008.1	2	8594.0	9	28051.3	—	—	—	—	1	362.8
木材家具	2	7157.1	2	7157.1	—	—	—	—	—	—	—	—
造纸印刷	8	22191.3	6	17459.8	1	433.0	1	4298.5	—	—	—	—
化学原料及制品	9	46617.4	7	18071.1	1	810.0	1	27736.3	—		3	6031.6
制药	7	29870.1	4	23838.5	—	—	—	—	—	—	3	6031.6

续表 2-16

项目	全市		凉州区		民勤县		古浪县		天祝县		中央省属企业	
	数量	增加值	数量	增加值	数量	增加值	数量	增加值	数量	增加值	数量	增加值
金属冶炼	9	24190.4	1	1715.2	—	—	—	—	8	21613.5	1	861.7
非金属矿产品	14	24975.0	4	10949.4	—	—	1	2769.5	7	9507.6	2	1748.5
各类装备业	15	40883.9	9	33848.5	1	689.0	2	3715.0	1	498.0	2	2133.4
水电热供应	19	106037	8	12395.7	2	8150.0	1	3712.0	5	9600.3	1	72179.5

“小而全”和“小而弱”的表现是该市工业企业的生产领域涉及轻工业的各个行业。从金属冶炼、资源采掘等重工业，一直到涉及人民日常生活的食品、饮料、家具、造纸、皮革等几乎所有工业领域，均有生产企业。但这些企业的规模均非常小，比如，在总增加值 21690.4 万元的煤炭生产行业，厂商达 5 家，远比不上其他地区一家厂商的一个矿井 1 个月的增加值(例如，2008 年，华煤和靖煤集团的平均单矿井的月产值均在 2 亿～3 亿元)。24 家食品饮料企业的总工业增加值仅为 125958.4 万元，均值仅为 5248.27 万元，如果除去西凉啤酒公司，其余 23 家企业的平均增加值仅为 100 多万元。从这个意义上说，武威市还没有建立起现代工业体系。

(三)2007 年主要工业产品产量

近些年，武威市的主要工业产品产量有了较快的增长，一些涉及人民生活的相关产品，如各类食品、煤炭等，基本上能够满足当地人民的需求。主要工业品产量见表 2-17。

表 2-17　2007 年武威市主要工业品产量

产品名称	数 量	产品名称	数 量
原煤/万 t	1584	水泥熟料/万 t	13.19
发电量/亿 kWh	2.95	白酒/t	8692
供电量/亿 kWh	24.45	啤酒/t	55717
小麦粉/万 t	200.87	葡萄酒/t	8570
食用植物油/t	20420	发酵酒精/t	2533
混合饲料/t	42870	钢材/t	17816
酱油/t	3714	铁合金/t	26283
饮料酒/t	72979	乳制品/t	2470
纸制品/t	91572	化学原料药/t	1127.32
农用化肥/t	1680	服装/万件	107.05
塑料制品/t	1300	家具/万件	64.64
水泥/万 t	46.28		

但从以上统计数据也可以看出,武威市的主要工业品的人均产量非常低,根本没有规模经济优势。产量最大的小麦面粉,人均产量也不过 1 t 左右，煤炭人均 8.34 t，全市电力自产率仅为 12.1%,绝大多数日常用品要靠外地供应。进一步的调查也发现,在武威市近百种工业产品中,几乎没有一个省内外知名品牌。这进一步说明，武威市的工业化进程远远落后于全省和全国平均水平。

第六节　流域的第三产业

发达国家和我国东部发达地区的经验均表明,随着社会经济的发展,第三产业在国民经济中的比例会逐步提高。近些年,在大多数发达国家，第三产业在 GDP 中的比重超过 50%，如美国，2007 高达 60%左右，在我国的北京和上海等地，第三产业在地方 GDP 中的份额也较高，均超过 50%。因此，多数学者将第三产业在 GDP 中占据的比重高低看成一国或一地区是否进入“后工业化”时代的主要标志。

一、金昌市第三产业

近几年，金昌市的第三产业以很快的速度发展，如 2003—2007 年，年均增速在 10%以上，尽管这个增加幅度很高，但由于其基础相对薄弱，无论是总量还是其在 GDP 中的份额仍然很小。如 2007 年全市第三产业总值仅为 19.30 亿元，在 GDP 中的比例为 16.66%，远低于全省其他地区均值 27%的水平。其中，永昌县的为 6.46 亿元，占全县 GDP 的 45.2%，金川区的为 10.45 亿元，占全区 GDP 的 11.0%。

金昌市第三产业的具体结构见表 2–18。

表 2–18　2007 年金昌市第三产业状况

类型	法人单位/个	就业人数	销售额/万元
批发业	97	1610	69619
零售业	243	4620	66162
住宿业	13	470	2625
餐饮业	30	760	2443

从表 2–18 可以看出，金昌市的第三产业主要集中在零售和批发业。其中零售业占主体地位，就业人数占全部第三产业从业人数的 61.93%，营业值占总产出的 46.97%；批发业占据第二位，就业人员占总额的 21.58%，营业额居第一位，占总产出的 49.43%。餐饮业在第三产业中的份额非常小，销售额为 2443 万元，仅占 1.73%，餐饮业的销售额绝对值如此之小，全市年人均消

费仅 56.46 元，全市城镇人口人均年消费 111.5 元，这显然和金昌市人均收入状况不符。我们初步认为，一方面可能是统计数据不全面，另一方面可能是金昌市城镇居民消费习惯问题，因此，金昌市的第三产业还有较大的发展空间。

二、武威市第三产业

第三产业是武威市的重要产业，在全部产业中位居第一，2007 年全部销售额高达 73.08 亿元，占 GDP 的 38.94%，这在石羊河流域属于很高的比例。武威市第三产业结构见表 2-19。

表 2-19 2007 年武威市第三产业状况

类 型	法人单位/个	就业人数	销售额/万元
批发业	1990	24472	298982.7
零售业	39150	64130	317296.6
餐饮业	—	—	101861.5
其他	—	—	6404.0

在第三产业中，零售业无论单位数量、就业人数还是销售额都处于第一位，其就业人数占全部第三产业就业人数的 72.38%，销售额占第三产业总额的 43.42%，批发业就业人数占 27.62%，销售额占 40.91%。与金昌市相比，武威市的餐饮业无论相对值和绝对值均比较高，前者为 13.94%，后者为 10.19 亿元，城镇居民人均年餐饮消费 1623.29 元。

当然，武威市第三产业占 GDP 的比重较高的现象，并不意味着武威市的社会经济处于发达的工业化阶段，更不是“后工业化”阶段，而是一种低水平上的产业结构均衡，这种结构的形成一方面反映出第二产业的落后，也有可能只是反映了武威市“重商”的传统。

参考文献

[1]宋承先.现代西方经济学(宏观经济学)[M].2版.北京:复旦大学出版社,1997.

[2]萨克斯.全球视角下的宏观经济学[M].上海:上海人民出版社/三联出版社,2005.

[3]费希尔,多恩布什,斯塔兹.宏观经济学[M].北京:中国人民大学出版社,2004.

第三章　石羊河流域经济社会发展状况

第一节　城市化水平

一、城市化概述

（一）城市化的概念

城市化是一个重要的发展经济学概念，意指随着经济发展，乡村分散的人口和非农业经济活动不断地在空间上聚集，逐渐向城市转化的过程。对这一过程可以从社会、人口、经济以及地理等多方面来理解。首先，城市化是一个城市生活方式的发展过程；其次，城市化是人口向城市集中的过程；再次，城市化是农业经济向非农业经济为基础的生活方式的转变。从地理学的角度来看，城市化也是城市的兴建、已有城市向外扩张以及城市内部向更高结构形态发展的一种变化。可以说，城市化是一种影响极深、极广的社会经济变化过程。

城市化是国际上表述乡村变成城市过程的通行的称谓，我国由于人口数量庞大，发展小城镇是农业人口转移的一种重要方式。因此，通常也把城市化称作“城镇化”。

（二）研究流域城市化水平的意义

1.城市化水平能够反映一个地区的经济发展水平

城市化显然是产业城市化的结果。国内外现有的研究成果均表明,一国人口的城市化水平与经济发展呈显著的正相关。林乐芬(2007)在总结国外研究资料的基础上提出,当人均 GDP 大于 100 美元时,随着人均 GDP 的增加,城市化水平显著上升,大于 1000 美元时,城市化率要超过 65.8%(见表 3–1)。

表 3–1　人均 GDP 与城市化水平的关系

人均 GDP/美元	≤100	100～200	200～350	350～575	575～1000	≥1000
城市人口比重/%	22.9	32.0	36.0	49.9	62.8	≥65.8

不同国家的实证资料说明, 人均 GDP 和城市化有密切的关系。如发展中国家的人均 GDP 远低于发达国家,因此,其城市化水平也远低于发达国家(见表 3–2)。

表 3–2　1994 年一些国家人均 GDP 与城市化水平的调查结果

国家	人均 GDP/美元	城市人口比重/%
马拉维	200	12
孟加拉	215	15
印度	350	27
中国	370	26
印度尼西亚	570	31
菲律宾	730	43
波兰	1690	62
墨西哥	2320	43
巴西	2530	60
韩国	5400	72
英国	16100	89
澳大利亚	17000	85
法国	19490	74
美国	21790	75
德国	22320	84
挪威	23120	75
日本	26430	77

梅建明(2007)等利用我国的有关数据测算表明,改革开放以来,随着我国人均GDP的增加,城市化率也在快速上升(见表3-3),特别是我国东部的一些地区,如长三角,随着经济的发展,城乡一体化已经初步实现。

表3-3 我国改革开放以来城市化水平和人均GDP的变化

年份	城市化率/%	人均GDP/元人民币
1978	17.9	381
1980	19.4	463
1985	23.7	858
1989	26.2	1519
1990	26.4	1644
1991	26.9	1893
1995	29.0	5046
1998	33.4	6796
2000	36.2	7858
2002	39.1	9398
2005	43.0	14040

2.研究城市化有助于对未来城市化水平的预测

对一个地区未来城市化水平的预测,是制定科学合理的地区土地利用总体规划、城镇体系规划和城市总体规划的基础,也是预防“大城市病”的关键。

二、城市化的研究方法

(一)城市化的测度方法

目前,国际上测度城市化水平的指标主要有人口城市化指标和土地城市化指标两种。其计算公式为:

$$Pu=U/P \tag{1}$$

其中:Pu为城市化水平;U为城镇人口(或土地面积);P为总

人口或(总面积)。

人口城市化指标的视角是城市化进程中最活跃的要素——人的流动性,即劳动力由农业产业转移至第二或第三产业,因此,它实际揭示的是城市化的本质——工业化。土地城市化指标反映的视角是城市化进程中,土地用途由农业转化成非农业用地。

(二)城市化趋势的预测方法

目前城市化常用的预测方法有以下几种:

1.联合国法

这是联合国用来定期预测世界各国、各地区城镇人口比重时常用的方法。其主要做法是根据已知的两次人口调查的城镇人口和乡村人口数,求取城乡人口增长率差。假设城乡人口增长率差在预测期保持不变,则外推求得预测期末的城镇人口比重。

2.城市化与经济发展水平的相关分析法

城市化与经济发展水平之间具有紧密的内在关系。而且,这种关系实际是多因素的综合利用城市化水平与人均国民生产总值之间存在对数曲线关系的原理,只要得到国民经济发展水平的计划指标,就可以预测计划期末的城镇人口比重。

其测算公式为:$Y=a\ln X+b$

其中:Y 为城市化水平,X 为地区人均 GDP,a、b 为系数。

3.时间趋势外推法

这种方法是选用一种数学模型来拟合城镇化水平变化的历史过程。时间趋势外推法适合历史资料比较长、发展比较平稳的地区。

可选择的模型通常有:

$y=a+bt$

$y=a(1+b)$

其中:y 为城镇人口数;t 为时间;a、b 均为常数,通过回归求得。

4.系统动态学方法

系统动态学是研究社会大系统的计算机仿真方法。它可以方便地对各种决策进行试验、分析,选择合理的符合实际的结果,应用面很广。城镇是一个十分复杂的社会大系统,系统内一个因素的变动往往会引起其他众多因素的连锁反应,运用一般方法很难对此作出全面正确的分析和估计。运用系统动态学方法预测区域城镇化水平时,可以把人口过程、城镇化过程和经济发展过程连接在一起,构成一个互相制约、互相影响的复杂的动态系统。此方法的突出优点是对那些受政策和人为因素影响较大的决策变量进行调整,可以得出多方案的仿真结果,供决策者选择。

在本研究中,石羊河流域城市化水平用公式(1)来测度,城市化趋势用城市化与经济发展水平的相关分析法进行预测。

二、金昌市的城市化水平

(一)金昌市城市化现状

改革开放以来,尤其是“九五”和“十五”期间,伴随着经济的快速增长,金昌市的城市化率明显提高。根据《金昌年鉴》上的基础数据,按照公式(1),计算出近些年金昌市城市化率的数据,见表3-4。

表3-4 近些年金昌市城市化水平

年份	全市年末人口	城市人口	城市化率/%	人均GDP/元人民币	人均GDP/美元(当年价)
2000	452500	200500	40	8251	988
2001	455500	214100	50	9753	1084
2002	458500	216100	50	12410	1200
2003	460300	216800	50	15047	1585
2004	463100	218600	50	17232	2388

续表 3–4

年份	全市 年末人口	城市 人口	城市 化率/%	人均 GDP /元人民币	人均 GDP /美元(当年价)
2005	465700	219800	50	19299	3034
2006	466300	221200	50	32728	3943
2007	468500	221300	50	40294	5926

由以上数据可以看出,金昌市的城市化水平比较高,稳定在50%左右,位居全省前列,这和该市在全省各地州市的 GDP 排名是一致的。金昌市较高的城市化率得益于高速经济增长和农村小城镇化两个原因。高速经济增长,特别是第二产业的增长,拉动了第三产业发展,吸纳了大量的劳动力,使劳动力由第一产业转移至第三产业。小城镇建设步伐的加快,一方面提高了城市化率,另一方面,小城镇本身在农业和农村经济中发挥了重要作用,使得二者相得益彰。金昌市大规模的小城镇建设始于 20 世纪 80 年代,截至目前,小城镇的数量已经由 1981 年永昌城关镇 1 个,发展至河西堡、宁远堡、双湾、朱王堡、城关等 8 个,小城镇占全部乡镇的比重由 1981 年的 7.7%上升为 66.7%。小城镇镇区户数约 21835 户，占农村建制镇总户数的 32.47%，镇区总人口为 63923 人，相当于建制镇人口总数的 26.77%，占金昌市农业人口的 24.48%。

但是，统计测算数据也表明,2001—2007 年，尽管人均 GDP 由 1084 美元增加至 5926 美元,增加了近 4 倍,城市化水平的增幅却为零。也就是说,这几年城市化水平并没有随经济的快速增长而增加。我们初步的分析是:金昌市的 GDP 快速增加的主要来源是单一资源型产业,其经济收益是资源租金。GDP 的增加,并没有引起相应的产业结构调整,也无法大规模地带动第三产业发展和吸纳农村劳动力向城市大规模的转移,因此,表现为经济增长并没有迅速提高城市化水平。

(二)金昌市城市化趋势

利用金昌市近十年城市化水平的历史数据,应用城市化与经济发展水平的相关分析法,可以取得如下半对数模型:

$$y_{CR}=3.35\ln x_{GDP}+16.11 \tag{2}$$

其中:y_{CR} 为城市化水平,x_{GDP} 为 GDP 值。验证模型的可靠性,我们运用 E-VIEW 对模型进行了检验,结果如表 3-5。

表 3-5 金昌市城市化模型的相关检验

Dependent Variable: CR				
Method: Least Squares				
Date: 08/05/10 Time: 11:35				
Sample: 2000 2007				
Included observations: 8				
Variable	Coefficient	Std. Error	t-Statistic	Prob.
LNGDP	3.352732	2.226541	1.505803	0.1828
C	16.11498	21.70334	0.742511	0.4858
R-squared	0.274262	Mean dependent var		48.75000
Adjusted R-squared	0.153305	S.D. dependent var		3.535534
S.E. of regression	3.253258	Akaike info criterion		5.409509
Sum squared resid	63.50211	Schwarz criterion		5.429369
Log likelihood	-19.63803	Hannan-Quinn criter.		5.275558
F-statistic	2.267442	Durbin-Watson stat		1.482516
Prob(F-statistic)	0.182829			

根据模型构建的函数,绘制出如下误差图。

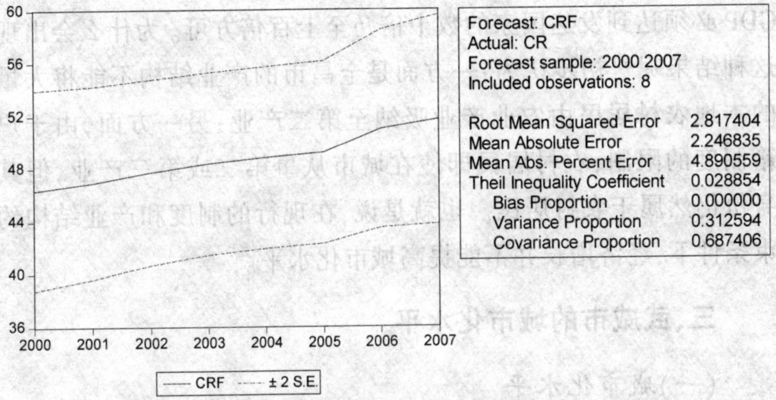

图 3–1　金昌市城市化预测值与实际值误差曲线图

由表 3–5 可以看出，该回归方程通过了各项检验，能够较好地反映经济增长和城市化进程的关系，图 3–1 说明误差在可控的范围内。

根据上述方程，可以预期，在制度（户籍制度）和产业结构不发生重大变化的条件下，未来金昌市的城市化水平和人均 GDP 的关系如表 3–6 所示。

表 3–6　金昌市未来城市化水平和人均 GDP 的关系

城市化水平/%	lnGDP	GDP/元人民币	GDP/美元
55	11.60896	110079.2	16188.12
60	13.10149	489672.7	72010.69
65	14.59403	2178245	320330.1
70	16.08657	9689634	1424946
75	17.5791	43103057	6338685
80	19.07164	1.92E+08	28196804
85	20.56418	8.53E+08	1.25E+08

注：美元对人民币的汇率按照 2010 年上半年的近似均值 6.8 计算。

金昌市要达到现今发达国家70%以上的城市化水平,其人均GDP必须达到发达国家的数十倍乃至上百倍方可。为什么会出现这种结果呢?初步认为:一方面是金昌市的产业结构不能将大量的本地农村居民由农业产业吸纳至第二产业;另一方面,由于户籍制度的限制,农村居民即使在城市从事第二或第三产业,但其身份仍然属于农村居民。也就是说,在现行的制度和产业结构约束条件下,经济增长并不能提高城市化水平。

三、武威市的城市化水平

(一)城市化水平

武威市农业人口占据人口的绝大多数,根据《武威统计年鉴》,改革开放以来,武威市全市的城市化水平并没有像其他地区那样快速上升,具体见表3–7。

表3–7 近些年武威市城市化水平

年份	全市年末人口	城市人口	城市化率/%	人均GDP/元人民币
1985	1545038	157692	10.2	367.7
1990	1675923	184168	11.0	669.7
1995	1823900	269349	14.8	1869.7
2000	1911008	274719	14.4	3363.7
2005	1895200	265707	14.0	7482.7
2007	1901600	264053	13.9	9868.0

按照发展经济学原理,随着经济的快速增长,城市化进程必然要加快,可是1985—2007年,武威市的人均GDP(名义)增长了26倍,城市化仅由10.2%提高至13.9%,也就是说,经济增长和城市化进程几乎没有关系,这和金昌市的情形相同。更令人困惑的是,自1995年以来,经济增长和城市化水平呈反向关系:人均GDP在快速增长,而城市化水平反而在下降。初步认为,武威市经济增长没有带动城市化进程的原因可能有两个方面:一是武威市

的产业结构造成的，因为该市的产业以农业为主，第三产业较为发达，这种产业结构不能大量地将农村剩余劳动力转移至工业领域，成为“城镇居民”；二是在武威市从事第三产业的多数是周边的农民，其身份仍然是“农村居民”，也就是说，由于现行的户籍制度，导致统计数据失真，人为地缩小了“城镇居民”的数量。城市化水平下降的原因可能是城市人口的自然增长率为负数，而农村的是正数，其结果是城市人口在总人口中的比例下降，从而表现为城市化水平下降。

（二）城市化趋势

根据武威市相关的历史数据，通过运行 E-VIEWS，可以得到如下人均 GDP 和城市化关系的回归模型：

$$y_{CR}=1.197x_{GDP}+3.833 \qquad (2)$$

对该回归模型的检验结果见表 3-8，模型实际值与预测值误差范围见图 3-2。

表 3-8 武威市城市化模型的相关检验

Dependent Variable: CR				
Method: Least Squares				
Date: 08/05/10 Time: 12:13				
Sample: 1985 2007				
Included observations: 6				
Variable	Coefficient	Std. Error	t-Statistic	Prob.
LNGDP	1.197273	0.436929	2.740202	0.0519
C	3.833829	3.403626	1.126395	0.3230
R-squared	0.652437	Mean dependent var		13.05000
Adjusted R-squared	0.565546	S.D. dependent var		1.940876
S.E. of regression	1.279292	Akaike info criterion		3.591691
Sum squared resid	6.546347	Schwarz criterion		3.522278
Log likelihood	-8.775074	Hannan-Quinn criter.		3.313824
F-statistic	7.508708	Prob(F-statistic)		0.051895

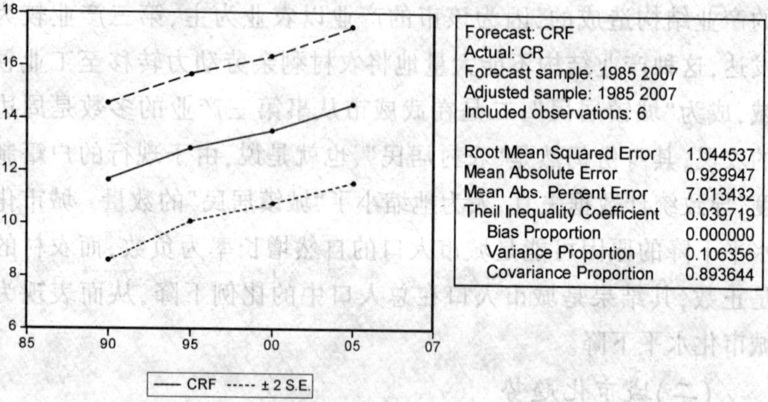

图 3-2 武威市城市化预测值与实际值误差曲线图

由表 3-8 可以看出，该模型通过了各项检验，能够较好地反映武威市城市化水平和经济增长的关系。误差图也表明，误差在可控制的范围内。据此也可以进一步地预测出未来武威市城市化水平和经济增长的一些数据，具体见表 3-9。

表 3-9 武威市未来城市化水平和人均 GDP 的关系

城市化水平/%	lnGDP	GDP/元人民币	GDP/美元
55	42.74603	3.67E+18	5.39E+17
60	46.92314	2.39E+20	3.52E+19
65	51.10025	1.56E+22	2.29E+21
70	55.27736	1.02E+24	1.49E+23
75	59.45447	6.62E+25	9.73E+24
80	63.63158	4.31E+27	6.34E+26
85	67.80869	2.81E+29	4.13E+28

注：美元对人民币的汇率按照 2010 年上半年的近似均值 6.8 计算。

在现行条件下，单纯依靠经济增长带动城市化进程，武威市的城市化水平永远也不可能达到发达国家的水平，其原因和金昌市的一样。要加快城市化进程，必须改革现行的户籍制度或统计口径，将在城市或小城镇从事第二和第三产业的农村居民纳入城市居民的统计范围；另外，也要考虑如何发展劳动密集型工业产业，将农业人口转移至第二或第三产业领域。

第二节　居民收入

居民收入水平是经济社会发展状况的一个重要指标。居民收入水平一方面受制于宏观经济状况的影响，另一方面受国家收入分配政策、消费政策的影响。

一、居民收入概述

城镇居民家庭全部收入:指被调查城镇居民家庭全部的实际收入,包括经常或固定得到的收入和一次性收入。包括居民的劳动收入,私营、个体经营者的净收益,财产性收入(利息、红利、租金等),转移性收入(含离退休金、价格补贴、赡养收入、赠送收入等);不包括借贷收入,如提取银行存款、向亲友借款、收回借出款以及其他各种暂收款。

城镇居民可支配收入:指一定时期内,居民家庭在支付个人所得税、产税及其他经常性转移支出后所余下的实际收入。

可支配收入=实际收入-个人所得税-财产税-经常性转移支出。

城镇居民人均可支配收入：反映城镇居民平均收入水平,是根据城市住户抽样调查所取得的调查户可支配收入之和按调查户人口平均计算的。

农村居民家庭总收入:包括基本收入、转移收入、财产性收入三部分。基本收入指农民劳动者的报酬收入和家庭经营收入;转移收入包括在外人口寄回和带回收入、赠送收入、救济收入、退休金、抚恤金、奖励收入、土地征用补偿收入、保险赔款等;财产性收入包括利息、股息收入等。

农村居民家庭纯收入:指农村常住居民家庭总收入中,扣除从事生产和非生产经营费用支出、缴纳税款和上交承包集体任务金额以后剩余的,可直接用于进行生产性、非生产性建设投资、生活消费和积蓄的那一部分收入。农村居民家庭纯收入包括从事生产性和非生产性的经营收入,包括在外人口寄回和带回的收入及国家财政救济、各种补贴等非经营性收入;既包括货币收入,又包括自产自用的实物收入。但不包括向银行、信用社和向亲友借款等属于借贷性的收入。

居民可支配收入是一个统计上的概念,是指居民能够自由支配的收入。即居民家庭总收入中扣除缴纳给国家的各项税费、各项社会保险,如医疗保险、养老保险、失业保险等余下的收入。

二、金昌市的居民收入

(一)金昌市居民收入的总体状况

改革开放以来,随着经济的增长,金昌市各个阶层的收入均有了较大幅度的提高。特别是2000年以来,呈现快速上升的趋势,而居民消费价格指数却没有快速攀升,说明全市人民的福利水平在快速提高。具体数据见表3-10和图3-3。

表3-10 近些年金昌市居民收入总体状况

项目	2000年	2001年	2002年	2003年	2004年	2005年	2006年	2007年	2008年
在岗职工年平均工资/元	9785	11049	11411	12755	14531	19364	24293	29791	35460
城镇居民人均可支配收入/元	6504	8000	8233	8863	9417	10175	11256.4	13260	15408
城镇居民人均消费支出/元	5840	6137	6555	7636	8543	9523		11792	13036
农民人均纯收入/元	2772	2873	3051	3277	3597	3982	4293	4671	5014
居民消费价格指数(上年为100)	100.2	101.2	100.8	102	103.3	100.8			

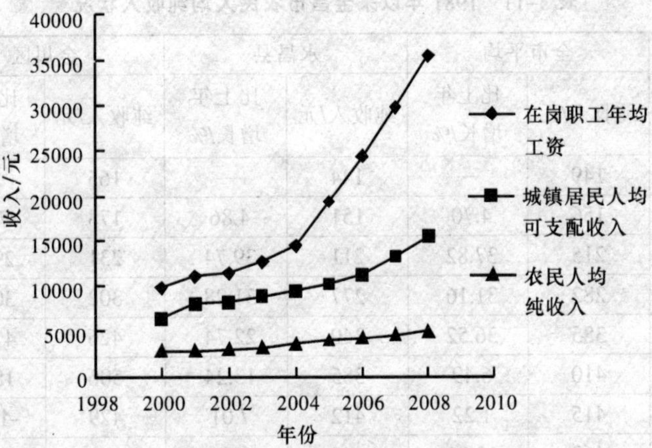

图 3-3　近些年金昌市各阶层收入状况

由图 3-3 可以看出，近些年金昌市的各个阶层的收入增长幅度和收入差距较大，其中在岗职工的工资性收入上升幅度最大，2008 年为 2000 年的 3.63 倍；其次是城镇居民人均可支配收入的增幅，2008 年为 2000 年的 2.37 倍；农民人均纯收入尽管在上升，但幅度较小，2008 年仅为 2000 年的 1.81 倍。2000 年，在岗职工工资收入是农民人均纯收入的 3.53 倍，城镇居民人均收入是农村居民的 2.35 倍，2008 年则分别上升为 7.07 倍和 3.07 倍。说明金昌市工农之间、城乡之间的收入差距有进一步拉大的趋势。

（二）金昌市农民收入状况

自 20 世纪 80 年代初期金昌市建市以来，全市农村居民的收入总体上呈快速上升的势头，在最高的年份，名义收入的年增长率高达 43%，均值接近 10%。具体见表 3-11 和图 3-3。

表 3–11　1981 年以来金昌市农民人均纯收入状况

年份	全市平均		永昌县		金川区	
	纯收入/元	比上年增长/%	纯收入/元	比上年增长/%	纯收入/元	比上年增长/%
1981	149	—	144	—	165	—
1982	156	4.70	151	4.86	178	7.88
1983	215	37.82	211	39.74	231	29.78
1984	282	31.16	277	31.28	302	30.74
1985	385	36.52	340	22.74	426	41.06
1986	410	6.49	385	13.24	506	18.78
1987	415	1.22	412	7.01	429	–15.22
1988	469	13.01	448	8.74	552	28.67
1989	531	13.22	507	13.17	627	13.59
1990	601	13.18	575	13.41	700	11.64
1991	578	–3.83	531	–7.65	762	8.86
1992	686	18.69	641	20.72	860	12.86
1993	845	23.18	800	24.80	1021	18.72
1994	1110	31.36	1094	36.75	1171	14.69
1995	1531	37.93	1456	33.09	1827	56.02
1996	2196	43.44	2168	48.90	2308	26.33
1997	2200	0.18	2112	–2.58	2553	10.62
1998	2456	11.64	2368	12.12	2810	10.07
1999	2606	6.11	2506	5.83	3011	7.15
2000	2772	6.37	2663	6.26	3216	6.81
2001	2876	3.75	2754	3.42	3366	4.66
2002	3051	6.08	2921	6.06	3582	6.42
2003	3277	7.41	3143	7.60	3823	6.73
2004	3597	9.77	3444	9.58	4223	10.46
2005	3982	10.70	3819	10.89	4645	9.99
2006	4293	7.81	4133	8.22	4946	6.48
2007	4671	8.81	4524	9.46	5267	6.49
2008	5014	7.34	4865	7.54	5625	6.80

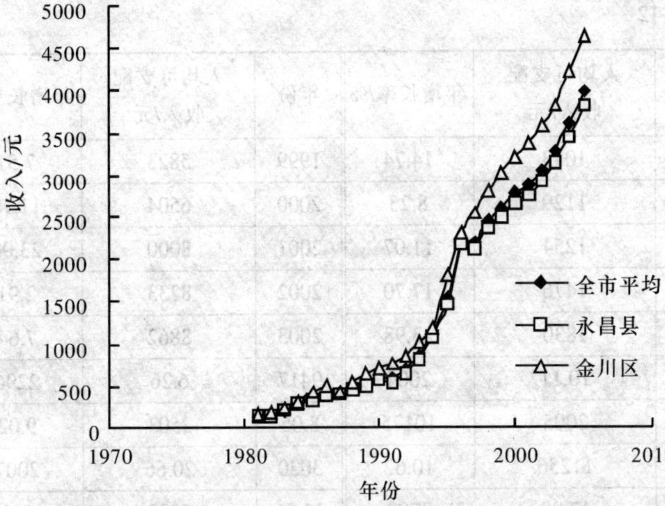

图 3-4　金昌市分县区农村居民收入

由图 3-4 可以看出，在金昌市所辖的两个县区中，金川区的农村居民收入一直高于永昌县。在 20 世纪 80 年代中期两地的差异不大，90 年代后期差距逐步拉大。金川区农村居民的收入之所以高于永昌县，原因在于前者位居近郊，农业产业以经济作物为主，土地的收益较高，加之农民务工及从事第三产业的比例较大。

(三)金昌市城镇居民收入状况

自 1981 年以来，金昌市的城镇居民收入呈现高速增长的态势，人均可支配收入(名义)由 680 元增加至 2008 年的 15408 元，增加了 21.66 倍，年均增长率 10%左右(见表 3-12)。

表 3-12　1981 年以来金昌市城镇居民人均收入

年份	人均可支配收入/元	年增长率/%	年份	人均可支配收入/元	年增长率/%
1981	680		1995	5047	33.10
1982	738	8.53	1996	5820	15.32
1983	777	5.28	1997	5964	2.47
1984	909	16.99	1998	5416	–9.19

续表 3-12

年份	人均可支配收入/元	年增长率/%	年份	人均可支配收入/元	年增长率/%
1985	1043	14.74	1999	5823	7.51
1986	1129	8.25	2000	6504	11.70
1987	1254	11.07	2001	8000	23.00
1988	1476	17.70	2002	8233	2.91
1989	1830	23.98	2003	8862	7.64
2015	10.11	2004	9417	6.26	2296
13.95	2005	10175	8.05	2503	9.02
2006	11256	10.62	3020	20.66	2007
13260	17.80	3792	25.56	2008	15408
16.20	2015	10.11	2004	9417	6.26

从表 3-12 中可以看出,1998 年城镇居民收入增长为负数,可能是金川公司职工当年收入下降,因为金川公司职工是金昌市城镇居民的主体,所以带动城镇居民收入下降。

三、武威市的居民收入

(一)武威市居民收入的总体状况

20 世纪 90 年代以来，武威市居民的收入呈现快速增长的态势,1995—2009 年,城镇居民的可支配收入由 2417 元增至 10447 元,增加了 3.32 倍,年均增幅在 10%作用,农民人均纯收入由 957 元增至 3972 元,增加了 3.15 倍,年均增幅接近 10%。各年份的具体数据见表 3-13。

表 3-13　武威市居民收入总体状况

年份	城镇居民		农民	
	可支配收入/元	比上年增长/%	人均纯收入/元	比上年增长/%
1995	2417	—	957	—
1996	2721	12.58	1259	31.56
1997	3306	21.50	1499	19.06
1998	3784	14.46	1723	14.94
1999	4133	9.22	1857	7.78
2000	4739	14.66	1884	1.45
2001	4973	4.94	1974	4.78
2002	5123	3.02	2133	8.05
2003	5530	7.94	2291	7.41
2004	5995	8.41	2535	10.65
2005	6606	10.19	2802	10.53
2006	7465	13.00	3043	8.60
2007	8547	14.49	3302	8.51
2008	9490	11.03	3591	8.75
2009	10447	10.08	3972	10.61

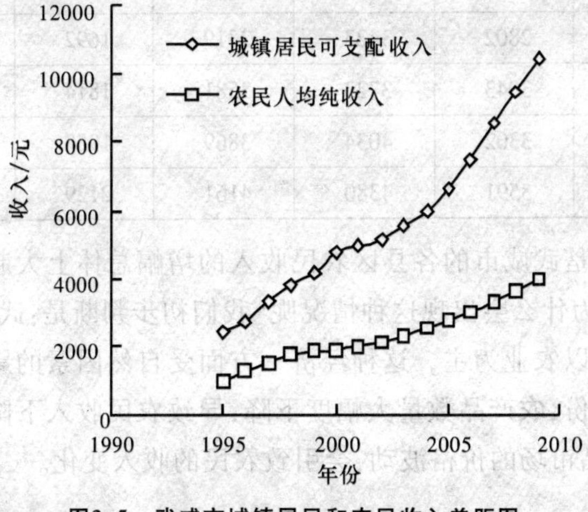

图3-5　武威市城镇居民和农民收入差距图

由图 3-5 可以看出,尽管农民人均纯收入和城镇居民收入一样,都在以较高的幅度增加,但二者的差距很大,且有进一步拉大的趋势,例如,1995 年后者是前者的 2.53 倍,2009 年为 2.63 倍。

(二)武威市农民收入状况

如前所述,近些年,武威市的农民人均纯收入在快速增加,呈现两个基本特征:其一是各县区的差异比较大,在所辖的三县一区中,凉州区和民勤县的人均值高于全市平均值,古浪县和天祝县的低于平均值,多数年份前者是后者的近 1 倍,具体数据见表 3-14。

表 3-14 武威市农民人均纯收入状况 元

年份	全市平均值	凉州区	民勤县	古浪县	天祝县
2000	1884	2312	2216	1130	1100
2001	1974	2405	2308	1220	1181
2002	2133	2585	2483	1342	1300
2003	2291	2778	2678	1442	1391
2004	2535	3078	2968	1588	1523
2005	2802	3423	3319	1692	1675
2006	3043	3723	3581	1814	1824
2007	3302	4034	3869	1958	1969
2008	3591	4380	4161	2129	2139

其二是武威市的各县区农民收入的增幅总体上大起大落(见图 3-6),为什么会出现这种情况呢?我们初步判断是:武威市各县区经济均以农业为主，这种经济一方面受自然因素的影响较大，在灾害年份,农产品数量大幅度下降,导致农民收入下降;另一方面,农产品市场的价格波动,会引致农民的收入变化。

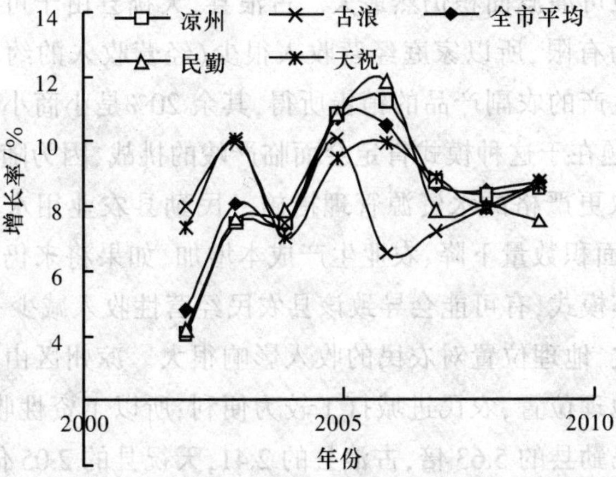

图 3-6　2000 年以来武威市农村居民收入增长状况

武威市各县区之间农村居民收入的差距为什么会如此之大呢？根据 2008 年《武威统计年鉴》中武威市部分农民家庭收入调查表(见表 3-15)的数据，我们可以得出以下结论：

表 3-15　2007 年部分武威市农民家庭收入　　元/人

项目	全市	凉州区	民勤县	古浪县	天祝县
全年总收入	4612.27	5128.00	7166.02	2703.51	2719.77
其中：工资性收入	1009.06	1476.01	262.35	612.96	718.45
家庭经营收入	3499.80	3571.76	6730.18	1964.52	1937.05
财产性收入	33.96	50.10	8.03	30.03	3.97
转移性收入	69.44	30.85	165.46	95.60	60.30

首先，在土地经营收益仍然是农民收入的主渠道的条件下，耕地面积的多少会直接影响农民收入。地处沙漠边缘的民勤县，农村居民收入之所以居于武威市的最高值，是全市平均值的 1.55 倍，是凉州区的 1.40 倍，是古浪县的 2.65 倍，是天祝县的 2.63 倍，主要原因是民勤县人均土地面积最多，尽管受制于水资源短缺，

但现阶段可灌溉面积仍然最大。古浪县、天祝县由于可灌溉耕地面积极为有限,所以家庭经营收入很少(经营收入的约80%是来自家庭生产的农副产品的销售所得,其余20%是小商小贩经营收入)。问题在于这种模式肯定会面临严峻的挑战,因为随着石羊河流域采取更严格的水资源管理措施,民勤县农业用水将逐步减少,耕地面积数量下降、农业生产成本增加,如果将来仍然延续现有的耕作模式,有可能会导致该县农民经营性收入减少。

其次,地理位置对农民的收入影响很大。凉州区由于其相对优越的地理位置,农民进城打工较为便利;所以工资性收入最高,分别是民勤县的5.63倍,古浪县的2.41,天祝县的2.05倍。因此,从这个意义上说,加快城镇化建设,是提高农民收入的一个有效途径。

(三)武威市的城镇居民收入

工资性收入是城镇居民收入的主渠道，加之数据的可得性,在本研究中,我们通过研究工资性收入的结构,来分析城镇居民收入的状况。

通过对统计数据的分析,我们发现,武威市的工资性收入在行业之间、地区之间,具有很大的差异。武威市隶属中央、省属和市直单位机关工作人员的工资收入最高,如2007年,平均年人均工资收入24106元,其次是事业单位,为20734元,国有企业的为14563元,城镇集体企业的为14089元。机关的年人均工资是国企职工的1.66倍，是集体企业职工的1.71倍。在国营企事业单位中,电力、水及燃气等垄断行业的最高,为33610元,建筑业最低,仅为8566元,前者为后者的3.92倍;其余各行业10000～20000元。其次,各县区之间也有明显差距(具体见表3-16)。

表 3-16　武威市各县区各主要行业职工年工资收入

名称	全市均值	凉州区	民勤县	古浪县	天祝县
企业	12117	4657	17159	11243	15167
事业	18515	16345	19672	15943	20672
机关	19041	16578	17417	12953	20884

这其中，机关和事业单位的工资性收入在各县区之间的差异不大，而各县企业人员工资性收入的差距则非常大，最高是民勤县，最低的是凉州区。前者是后者的3.68倍。区位优势最明显的凉州区为什么处于最低位，而条件相对恶劣的民勤县却是最高位？我们初步分析的结果是：凉州区企业众多，企业的效益差距很大，其平均值较低，而民勤县、天祝县和古浪县等县，企业数量极少，为数不多的职工主要分布在电力、金融、燃气、自来水等垄断国有企业，所以，职工年工资收入均值反而要普遍高于自然条件相对优越的凉州区。

第三节　消费、储蓄和恩格尔系数

一、消费和储蓄

(一)金昌市的消费和储蓄

1.金昌市的消费

20世纪80年代以来，随着收入的增加，消费呈现高速增长的态势，在多数年份，人均消费支出的增长率高于人均可支配收入的增长率。这说明这些年金昌市城镇居民的福利水平大幅度增加(见表3-17)。

表 3-17　金昌市居民的消费状况

年份	消费支出		可支配收入	
	人均/元	年增长率/%	人均/元	年增长率/%
1981	557	—	680	—
1982	587	5.39	738	8.53
1983	637	8.52	777	5.28
1984	752	18.05	909	16.99
1985	863	14.76	1043	14.74
1986	930	7.76	1129	8.25
1987	1095	17.74	1254	11.07
1988	1351	23.38	1476	17.70
1989	1579	16.88	1830	23.98
1990	1449	-8.23	2015	10.11
1991	1909	31.75	2296	13.95
1992	2330	22.05	2503	9.02
1993	2483	6.57	3020	20.66
1994	3162	27.35	3792	25.56
1995	4535	43.42	5047	33.10
1996	5581	23.07	5820	15.32
1997	4833	-13.40	5964	2.47
1998	4102	-15.13	5416	-9.19
1999	5525	34.69	5823	7.51
2000	5840	5.70	6504	11.70
2001	6137	5.09	8000	23.00
2002	6555	6.81	8233	2.91
2003	7636	16.49	8862	7.64
2004	8543	11.88	9417	6.26
2005	9523	11.47	10175	8.05
2006	—	—	11256	10.62
2007	11792	—	13260	17.80
2008	13036	10.55	15408	16.20

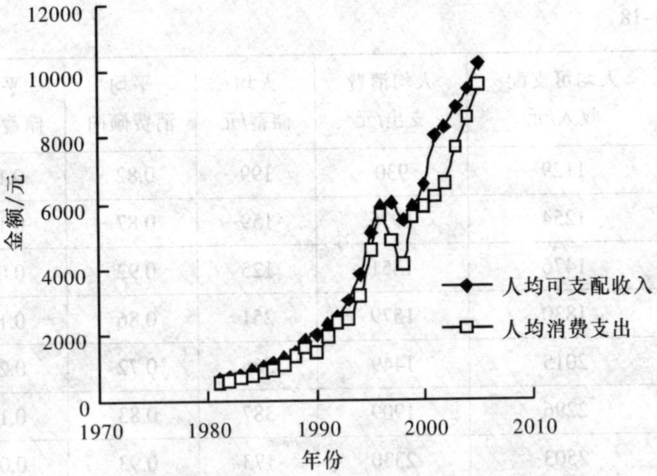

图 3-7 金昌市城镇居民收入和消费趋势

由图 3-7 可以直观地看出,金昌市居民的消费和收入呈现良好的线性关系,并且对当期的收入非常敏感,这种消费特点,与凯恩斯的绝对收入假说非常一致。

2.金昌市居民的消费倾向和储蓄倾向

储蓄是将当期收入中的一部分用于未来的消费,以期终生效用最大化。一定时期的储蓄倾向,取决于当期收入水平、对未来收入的预期等因素。根据统计资料,我们测算出金昌市的平均消费倾向为 0.85,平均储蓄倾向为 0.15。具体各年份的数据见表 3-18。

表 3-18 1981 年以来金昌市城镇居民的平均消费和储蓄倾向

年份	人均可支配收入/元	人均消费支出/元	人均储蓄/元	平均消费倾向	平均储蓄倾向
1981	680	557	123	0.82	0.18
1982	738	587	151	0.80	0.20
1983	777	637	140	0.82	0.18
1984	909	752	157	0.83	0.17
1985	1043	863	180	0.83	0.17

续表 3-18

年份	人均可支配收入/元	人均消费支出/元	人均储蓄/元	平均消费倾向	平均储蓄倾向
1986	1129	930	199	0.82	0.18
1987	1254	1095	159	0.87	0.13
1988	1476	1351	125	0.92	0.08
1989	1830	1579	251	0.86	0.14
1990	2015	1449	566	0.72	0.28
1991	2296	1909	387	0.83	0.17
1992	2503	2330	173	0.93	0.07
1993	3020	2483	537	0.82	0.18
1994	3792	3162	630	0.83	0.17
1995	5047	4535	512	0.90	0.10
1996	5820	5581	239	0.96	0.04
1997	5964	4833	1131	0.81	0.19
1998	5416	4102	1314	0.76	0.24
1999	5823	5525	298	0.95	0.05
2000	6504	5840	664	0.90	0.10
2001	8000	6137	1863	0.77	0.23
2002	8233	6555	1678	0.80	0.20
2003	8862	7636	1226	0.86	0.14
2004	9417	8543	874	0.91	0.09
2005	10175	9523	652	0.94	0.06
2006	—	—	—	—	—
2007	—	—	—	—	—
2008	—	—	—	—	—

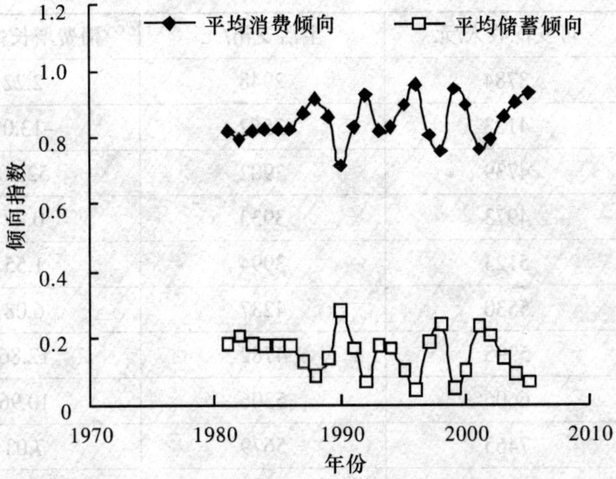

图 3-8　金昌市城镇居民的消费倾向和储蓄倾向

由图 3-8 可以看出，金昌市城镇居民的消费倾向和储蓄倾向在 1986 年以前较为稳定，分别为 0.83 和 0.17 左右。进入 20 世纪 90 年代，消费和储蓄大起大落，并且储蓄倾向总体上呈现下降的趋势，之所以出现这种趋势，我们初步认为：一方面是金昌市的城镇居民预期未来的收入会增加，另一方面是生活成本上升的缘故。

(二)武威市的消费和储蓄

1.武威市的消费

消费在武威市的 GDP 中一直占据较大的份额。近些年一直稳定在 40%左右，各年度城镇居民的消费状况见表 3-19。

表 3-19　近些年武威市城镇居民消费状况

年份	可支配收入/元	生活支出/元	消费增长幅度/%
1995	2417	2491	—
1996	2721	2484	–0.28
1997	3306	2884	16.10

续表 3-19

年份	可支配收入/元	生活支出/元	消费增长幅度/%
1998	3784	2948	2.22
1999	4133	2562	-13.09
2000	4739	3902	52.30
2001	4973	3933	0.79
2002	5123	3994	1.55
2003	5530	4237	6.08
2004	5995	4782	12.86
2005	6606	5306	10.96
2006	7465	5679	7.03
2007	8547	6727	18.45
2008	9490	7579	12.67
2009	10447	—	—

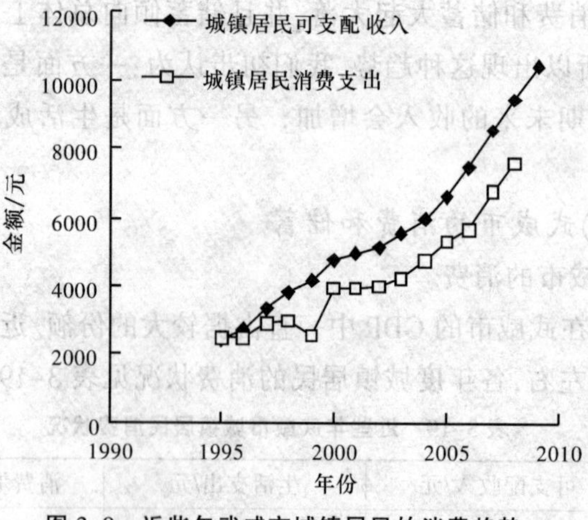

图 3-9　近些年武威市城镇居民的消费趋势

从图 3-9 看，武威市城镇居民的消费无论是绝对数量后者年增长幅度，均在以较高的速度上升，并且消费和收入呈现明显的正相关性。

2.武威市的消费倾向和储蓄倾向

武威市城镇居民的储蓄绝对值近些年在以较高的幅度增加(具体参见表3–20),但其各年度的增长幅度波动极大,并且储蓄在居民收入中的比重不大,一般在20%左右。

表3–20　近些年武威市城镇居民储蓄状况

年份	储蓄/元	储蓄增长幅度/%	年份	储蓄/元	储蓄增长幅度/%
1995	–74		2003	1293	14.53
1996	237	420.27	2004	1213	–6.19
1997	422	78.06	2005	1300	7.17
1998	836	98.10	2006	1786	37.38
1999	1571	87.92	2007	1820	1.90
2000	837	–46.72	2008	1911	5.00
2001	1040	24.25	2009	—	—
2002	1129	8.56			

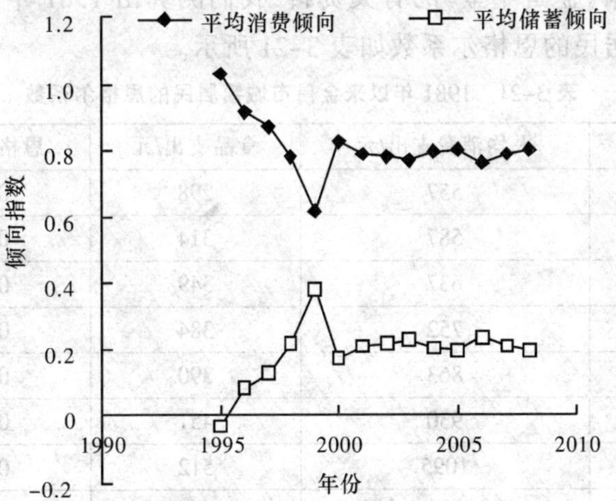

图3–10　武威市城镇居民的平均消费倾向和储蓄倾向

由图 3–10 可以看出,在 1995 年以前,居民的消费倾向很高,储蓄倾向很低,说明此前的收入很低,所得收入几乎全部用于消费,此后,随着收入的增加,储蓄开始上升,2000 年以后储蓄倾向稳定在 0.2 左右。

二、恩格尔系数

恩格尔系数(Engel's Coefficient)是食品支出总额占个人消费支出总额的比重。19 世纪德国统计学家恩格尔根据统计资料,对消费结构的变化得出一个规律:一个家庭收入越少,家庭收入中(或总支出中)用来购买食物的支出所占的比例就越大,随着家庭收入的增加,家庭收入中(或总支出中)用来购买食物的支出比例则会下降。推而广之,一个国家越穷,每个国民的平均收入中(或平均支出中)用于购买食物的支出所占比例就越大,随着国家的富裕,这个比例呈下降趋势,一般来说恩格尔系数越大。

(一)金昌市的恩格尔系数

根据《金昌年鉴》的有关资料,我们测算出 1981 年以来金昌市城镇居民的恩格尔系数如表 3–21 所示。

表 3–21　1981 年以来金昌市城镇居民的恩格尔系数

年份	人均消费支出/元	食品支出/元	恩格尔系数
1981	557	298	0.54
1982	587	314	0.53
1983	637	349	0.55
1984	752	384	0.51
1985	863	390	0.45
1986	930	451	0.48
1987	1095	512	0.47
1988	1351	565	0.42
1989	1579	733	0.46

续表 3-21

年份	人均消费支出/元	食品支出/元	恩格尔系数
1990	1449	741	0.51
1991	1909	923	0.48
1992	2330	1102	0.47
1993	2483	1165	0.47
1994	3162	1365	0.43
1995	4535	2076	0.46
1996	5581	2394	0.43
1997	4833	2122	0.44
1998	4102	1827	0.45
1999	5525	1759	0.32
2000	5840	1919	0.33
2001	6137	1952	0.32
2002	6555	2296	0.35
2003	7636	2725	0.36
2004	8543	2965	0.35
2005	9523	3140	0.33
2006	—	—	—
2007	11792	3562	0.30
2008	13036	4582	0.35

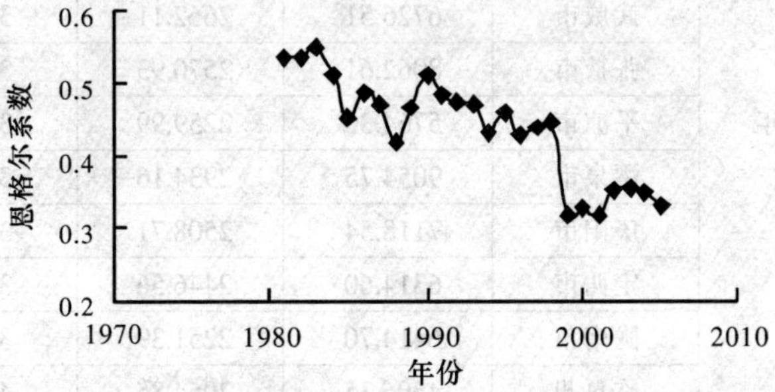

图 3-11　1981 年以来金昌市城镇居民恩格尔系数变化状况

由图 3-11 可以看出，自 20 世纪 80 年代以来，金昌市城镇居民的恩格尔系数呈现快速下降的趋势,说明人民的收入水平在快速增加。至于不同年份的起伏,可能是食品价格起伏造成的,因为在收入水平不变、消费倾向不变的情况下,随着食品价格的上升,必然会引致恩格尔系数上升。

(二)武威市的恩格尔系数

由于数据的可得性,我们计算了2007—2008年武威市居民的恩格尔系数,初步发现武威市的恩格尔系数具有以下几个特点。

1.恩格尔系数比较高

2007—2008年,武威市的恩格尔系数位居全省各市州的第二位左右。2007年比各市州的均值高近4个百分点,2008年高近9个百分点。这与武威市在全省各市州中的经济位次是一致的(见表3-22)。

表3-22 2007—2008年全省各市州恩格尔系数

时间	地 区	消费支出/元	食品支出/元	恩格尔系数
2007年	兰州市	8049.75	3013.61	37.44
	嘉峪关市	10376.27	3233.63	31.16
	金昌市	11792.20	3562.44	30.21
	白银市	8794.91	3231.52	36.74
	天水市	6527.00	2492.02	38.18
	武威市	6726.51	2662.11	39.58
	张掖市	8062.61	2570.93	31.89
	平凉市	5764.35	2259.99	39.21
	酒泉市	9054.75	2934.16	32.40
	庆阳市	7118.54	2508.71	35.24
	定西市	6314.60	2446.56	38.74
	陇南市	6414.70	2251.39	35.10
	临夏州	4506.35	2054.85	45.60
	甘南州	5790.92	2180.29	37.65
	均值	7520.96	2671.59	36.37

续表 3-22

时间	地 区	消费支出/元	食品支出/元	恩格尔系数
2008 年	兰州市	9033.70	3429.79	37.97
	嘉峪关市	10688.62	4008.29	37.50
	金昌市	13036.02	4582.52	35.15
	白银市	9670.57	3717.42	38.44
	天水市	6972.10	2687.76	38.55
	武威市	7578.74	3134.10	41.35
	张掖市	8988.65	2733.13	30.41
	平凉市	6366.85	2547.37	40.01
	酒泉市	9782.08	3486.30	35.64
	庆阳市	7821.06	2895.71	37.02
	定西市	7025.61	2985.04	42.49
	陇南市	6902.28	2704.11	39.18
	均值	7419.02	2779.40	32.41

2.各收入阶层的差距比较大

进一步地分析可以发现，武威市城镇居民中，低收入阶层与高收入阶层的恩格尔系数的差异也比较大，见表 3-23。

表 3-23　2007 年的恩格尔系数(按相对收入等距五组分组)

项目	均值	低 20%	较低 20%	中 20%	较高 20%	高 20%
可支配收入 /(元/人)	8546.90	4881.60	6708.50	8260.10	10191.00	12973.90
食品类消费支出 /(元/人)	2662.12	2208.59	2171.70	2728.90	2817.00	3430.97
恩格尔系数	0.31	0.45	0.32	0.33	0.28	0.26

其中最低收入阶层家庭的恩格尔系数是最高收入家庭的

1.73 倍,是次高家庭的 1.61 倍,该系数的巨大差异间接说明各阶层的收入差距比较大,特别是低收入家庭,其收入的接近一半用于食品支出,这类贫困家庭几乎没有储蓄,难以应对生活中的任何冲击。

3.各县区农民的差距比较大

武威市农村居民的平均恩格尔系数为 0.16,最低的是凉州区为 0.10,其次古浪县 0.20,民勤县为 0.25,最高的天祝县 0.47。从总体上看,各县区的恩格尔系数基本能够反映各县区农村居民的收入和福利水平状况。问题是为什么收入比民勤县低很多的凉州区,其恩格尔系数却比民勤县的低很多呢?我们初步的分析是:凉州区的生活成本比民勤县的低很多,古浪县和天祝县的自然条件相对恶劣,生活成本很高,所以恩格尔系数也很高。

第四节 研究结论

根据以上研究计算结果,可以初步得出以下几点结论:

一、就城市化进程来说,金昌市的要高于武威市的。但两市在未来提高城市化水平的进程中,所面临的难点不同。金昌市的难点在于:一是尽管人均 GDP 比较高,但产业结构集中在资本技术密集的第二产业,由于其对劳动力的需求很小,所以,难以依靠农业劳动力向工业领域的转移来实现城市化,因此传统的二元经济向一元经济转化而带动城市化进程的模式可能不适合金昌市的市情;二是金昌市由于气候、环境乃至市场等因素的制约,大规模的发展第三产业难度较大,因此,依靠发展第三产业将农村人口转为城市人口来实现城市化难度也很大。武威市的难点在于整体经济发展水平比较低,第二产业非常落后,对劳动力的需求很低,由二元经济向一元经济转化的难度很大。纵观这两市的状况，强行提高城市化进程，必然会加大财政负担，形成地方进一步发展的拖累。由此看来，城市化进程是经济社会发展的产物，因此，不能为了城市化而城市化，政府应当将有限的财力用于基础设施和民生领域，切实提高人民的福利水平方面。

二、近几年，随着经济的增长，金昌市和武威市两市的平均消费倾向在逐步下降，而平均储蓄倾向在上升。而在20世纪90年代以前，两市的平均消费倾向很高，平均储蓄倾向很低。

三、人民生活方面，尽管两地人民的收入近些年有了大幅度的提高，但金昌市的人均收入水平远高于武威市的，且两市的共同问题是不同阶层的收入差距很大，并且有进一步拉大的趋势。在金昌市，国企职工为高收入阶层，农村居民为低收入阶层，政府机构工作人员位居第三，城镇居民位居第四。而武威市则有区别，政府部门工作人员为高收入阶层，城镇居民位居第二，农村居民收入最低。就恩格尔系数来说，总体趋势是下降的，在一些年份的下降幅度还比较大，但武威市的要高于金昌市的，并且高收入阶层的远低于低收入阶层的。造成居民收入差距的原因除了以上因素外，地理位置也是一个重要要素，即越是远离城市等经济中心，居民收入越低，恩格尔系数越高。

参考文献

[1]林乐芬.发展经济学[M].南京：南京大学出版社，2007：264.

[2]刘易斯·芒福德，倪文彦.城市发展史——起源、演变和前景[M]. 宋峻岭，译.北京：中国建筑工业出版社，1988.

[3]于洪俊，宁越敏.城市地理概论[M].合肥：安徽科学技术出

版社,1983.

[4]许学强,朱剑如.现代城市地理学[M].北京:中国建筑工业出版社,1988.

[5]叶维钧,张秉忱.中国城市化道路初探[M].北京:中国展望出版社,1988.

[6]吴友仁.关于我国社会主义城市化问题[J].人口与经济,1980(12):55-56.

[7]周一星.论我国城镇化的地域差异[J].城市规划,1983(2):61-63.

[8]林志群.联合国《住房指标调研项目》成果简介(二)[J].中国房地产,1994(2):12-13.

[9]梅建明.我国城市化的主要途径:进城农民工市民化[J].经济学动态,2007(1):121-123.

第四章　石羊河流域经济增长研究

第一节　经济增长的理论综述

经济增长理论是研究解释经济增长规律和影响制约因素的理论。英国古典经济学家亚当·斯密(1776年)在其历史巨著《国富论》中,第一次系统地探讨了达到尽可能快的经济增长的途径,而且也系统地论证了自由竞争的市场经济对近代经济增长的积极作用。他认为,增加国民财富和促进经济增长的主要途径是增加劳动者的数目、增加资本投入、加强分工和改良机器以提高生产率,并指出这些因素都可以由市场自行解决,而无需国家的干预。此后,随着对经济增长问题研究的深入,对经济增长源泉的解释也更加合理。到目前为止,已经形成一系列理论和模型。

一、古典经济增长理论

(一)亚当·斯密的经济增长理论

亚当·斯密(Adam Smith,1723—1790)生活在工业革命时期的英国,其在1776年发表了《国民财富的性质和原因的研究》,内容主要是研究如何能够增加"国民财富",也就是如何增加一国财富的问题。因此,亚当·斯密被称为经济增长理论的先驱。斯密所确立的以生产率为核心、资本为决定性因素、生产供给为主要分析角度的经济增长思想和研究方法,成为长期以来增长理论的基本传统和主导模式。

斯密认为,一个国家的发展一般可以分为不同的阶段。在第一个阶段,资本通过投资流向农业部门,因为农业构成城市发展的基础,并为城市人口提供食品,因此,农业的发展决定着全国的发展。在第二个阶段,资本存量的增加和专业化分工引起工业部门劳动生产率的大幅度提高,并表现为该国人均收入的明显提高。而专业化分工的发展反过来又要求增加工人,进而导致工资水平提高,工资水平的提高又使消费和投资增加,从而又刺激经济增长,经济增长的一个结果是工资所得超过生存线,另一个结果是幼儿死亡率下降。然而,这一过程并不是永无止境的,当农业部门不能够产生额外产出为新增人口提供给养时,这一过程就会结束。经济增长的第三个阶段是工人的供给过剩。此时,表现为大量工人过剩,工资水平持续下降到维持生存的水平,人口的增长开始下降,一国的经济表现为高财富、低工资、无增长的特征,而摆脱停滞状态的一种可能是获得新的土地。

斯密关于经济增长是一种不稳定的动态过程、经济增长存在自然上限、会达到静止状态等等,这些对经济增长动态过程和发展趋势问题的认识,对后来的增长理论有很大的影响,哈罗德—多马模型的“刀刃上”的经济增长、新古典增长理论的“稳定状态”理论等,都是与此很相似的。此外,斯密以分工和资本积累为核心的经济发展阶段和富国穷国问题等理论,也能在后来的增长理论中找到相应的部分。

(二)大卫·李嘉图的经济增长理论

李嘉图作为在英国亚当·斯密理论的拥护者,他的理论深受亚当·斯密的影响,他把社会分为三部分,即土地、资本家和工人。每个部分相应的获得收入,土地得到地租,资本获得利润,工人获得工资;但是,只有资本家获得的利润进行了投资来推动整个经济的增长,而这个过程也不是永无止境的,它有一个最终停止增长的结果。

李嘉图理论中的增长过程是从人口的增长和高食品价格开始的,其前提仍然是土地的边际收益递减。由于资本家获得大量的利润,那么资本家就进行大量的投资来推动整个经济的增长。资本家的投资要求雇佣大量的工人,因此,工人的工资得以提高,超过他们生存的界限,最终人口数量得以增加,为了维持新增人口的给养,必须开垦新的土地,又由于新开垦的土地质量很差,实现特定产量需要投入更多的劳动,这样进一步产生对劳动者的需求,劳动者的工资率得到进一步提高。对于工业部门,由于技术进步、工资率的提升,使他们雇佣劳动者的数量减少,从而产生工业品的价格低于食品价格,最终导致利润下降,资本也变得更加昂贵,投资活动逐渐下降。如果没有了投资,经济就不可能增长,增长过程也就停止。因此,李嘉图关于经济增长的论述中是非常强调投资的作用,这些观点到如今对于经济增长来说也是非常重要的。

(三)约瑟夫·A·熊彼特的经济增长理论

熊彼特提出的创新是指新产品的开发或新的生产方法的采用,开辟新的市场,采用新的原料及组织结构的新变化等。只有创新才能推动经济的增长,只有创新的企业家才是真正的企业家,才能够推动整个企业的发展。因此,熊彼特的“创新理论”放弃了土地收益递减的假定,并且认为,土地的稀缺并不是使经济陷于停滞的因素。对于经济增长方面,熊彼特不再区分经济增长与经济周期,对于经济增长来说,内生因素产生的经济增长在其想法中占据核心地位。他认为,变革不是外生因素引起的,因而对外生因素没有多大兴趣。增长可以视为由内生因素实现新的组合引起经济的积极变革,这种新的组合就是创新。关于经济增长,熊彼特否定了经济持续、稳定增长。熊彼特认为,新的变革对于经济增长的周期起着决定性的作用,不同的新的组合或者说不同的新的变革会产生不同的经济增长周期。也就是说变革的越根本,创新的质量越高,其经济增长的周期越长。

二、现代外生经济增长理论

(一)哈罗德—多马经济增长模型

哈罗德—多马经济增长模型以凯恩斯的有效需求不足理论为基础,考察一个国家在长时期内的国民收入和就业的稳定均衡增长所需的条件。1948年英国经济学家罗伊·F·哈罗德在《动态经济学导论》一书中系统地提出了他的增长模型。20世纪40年代中期,美国经济学家埃夫塞·多马在《扩张与就业》、《资本扩张、增长率和就业》以及《资本积累问题》等论文中独立地提出了与哈罗德模型基本相同的增长模型。哈罗德在建立其增长模型时做了如下假设:

(1)社会只生产一种产品,这种产品既可以是消费品,也可以是投资品。

(2)储蓄倾向不变,所以边际储蓄倾向和平均储蓄倾向是相等的。

(3)资本—劳动比率固定不变,因而资本产量比率也不变,即原有资本的生产率必然等于新投入资本的生产率。

(4) 社会生产过程中只使用劳动力和资本两种生产要素,且两种要素之间不能相互替代。

(5)技术状态既定,不存在技术进步。

哈罗德在上述假设条件下将经济增长抽象为三个宏观经济变量之间的函数关系:第一个变量是经济增长率,用 G 表示;第二个变量是储蓄率,用 s 表示;第三个变量为资本—产出比率,用 v 表示。数学表达式为:$G=s/v$。从式中可以看出:一国的经济增长率与该国的储蓄率呈正比,与该国的资本—产出比率呈反比。

另外,哈罗德将经济增长率分为实际增长率、均衡增长率和自然增长率。实际增长率就是社会实际达到的经济增长率,值得注意的是,在一般情况下,实际增长率不能用哈罗德模型的基本公式来计算,这是因为实际经济状况并不满足哈罗德的前提假设,比如储蓄不等于投资。均衡增长率就是哈罗德提出的有保证的增长率。它所对应的是合意的储蓄率和合意的资本—产出比率,因此,在实现均衡增长率的情况下,由于实现了充分就业的有效需求水平,且形成的生产能力得到充分利用,所以,就各年情况而言,产量或收入达到最大值时,社会上既无失业又无通货膨胀。自然增长率是在人口和技术都不发生变动的情况下,社会所允许达到的最大增长率。哈罗德认为,当实际增长率和均衡增长率发生偏差时,会导致经济短期波动,而当均衡增长率和自然增长率发生偏差时,则会导致经济长期波动,而且一旦偏差发生,就有自我加强的趋势。因此要实现实际增长率等于均衡增长率并等于自然增长率的长期均衡增长几乎是不可能的,常被形象地称为“刃锋式”的经济增长。

哈罗德—多马模型作为一种早期的增长理论,虽然简单,但其蕴含的基本思想是深刻的,即“为了减少过剩、必须扩大投资”。但该模型关于劳动和资本不可相互替代以及不存在技术进步的假定也在一定程度上限制了其对现实的解释。

(二)新古典外生增长理论

由于哈罗德—多马模型说明了资本主义经济增长路径具有不稳定性,为了进一步解决这个问题,索洛(Solow,1956)和斯旺

(Swan,1956)提出了增长模型,改变了以往资本—劳动比例固定的生产函数，使资本和劳动等要素之间可以达到彼此平滑替代，并建立了新的生产函数,称为新古典经济增长模型,被称为经济增长理论上的一次革命,其旨在证明经济中可能存在一种平衡增长模型,这种增长路径具有内在的稳定性。

由索洛最早提出的增长理论源于对哈罗德—多马经济增长理论中的缺陷的修正。哈罗德—多马增长模型的缺点之一是假定生产技术是不变的,对于一个给定的储蓄率,能够实现均衡的有保证的增长率只有一个唯一的数值。但是,实现充分就业的稳定增长的条件除非特殊情形,一般很难实现。所以,即使经济能够沿着一条均衡增长轨道向前发展,那么这条轨道将犹如“刀锋”一样狭窄,一旦偏离这条轨道,经济增长路径将表现为累积性的经济扩张或经济收缩。为了克服哈罗德—多马模型的局限性,索洛、斯旺、米德和萨缪尔森(Sumuelson)等经济学家提出了一类新的增长理论。这类模型的一个共同特点是,认为哈罗德—多马模型的“刀锋”式的增长路径是可以避免的,充分就业的稳定增长可以通过市场机制调整生产中的劳动与资本的配合比例来实现。同时,索洛等还指出:“从长远的角度来看，不是资本积累和劳动力的增加,而是技术进步才是经济增长的决定因素。”索洛的增长理论包含了许多重要的经济内涵,但其理论框架却比较简单而又极其精致。该理论模型的核心是关于产出总量生产函数性质的假设:首先,规模收益是不变的;其次,生产要素的边际收益是递减的;最后,生产要素之间是可替代的。

由索洛本人最初提出的新古典经济产出总量生产函数如下:

$$Y(t)=A(t)\cdot f(K(t),L(t)) \quad (1)$$

其中,Y 为整个经济中最终产品的总产出,K 为物质资本,A 为技术水平,L 是劳动力,它们在模型中都是随时间变化的变量。上式表明资本投入因素不是经济增长的唯一决定因素,经济增长取决于劳动和技术等因素的相互结合,这些因素可以相互替代,通过投入的不同组合即可使资源全部得到利用。新古典增长理论中,技术进步不仅会改变劳动生产率,而且会改变资本—产出率,并将其作为一个独立的变量加在经济增长模型中。

以下推导经济的增长率 g。如果劳动变动 ΔL,资本变动 ΔK,技术变动 ΔA ,那么产出:

$$\Delta Y=MPL\cdot\Delta L+MPK\cdot\Delta K+F(K,L)\cdot\Delta A。$$

其中,MPL 和 MPK 分别是劳动与资本的边际产品。方程两边同除以式(4-1)得出:

$$\frac{\Delta Y}{Y}=\frac{MPL}{Y}\Delta L+\frac{MPK}{Y}\Delta K+\frac{\Delta A}{A},$$

$$\frac{\Delta Y}{Y}=(\frac{MPL\times L}{Y})\frac{\Delta L}{L}+(\frac{MPK\times K}{Y})\frac{\Delta K}{K}+\frac{\Delta A}{A}。$$

令$1-\theta=\frac{MPL\times L}{Y},\theta=\frac{MPK\times K}{Y}$,即可得:

$$g=\frac{\Delta Y}{Y}=(1-\theta)\frac{\Delta L}{L}+\theta\frac{\Delta K}{K}+\frac{\Delta A}{A}。$$

以上变换必须满足两个基本假定:一是生产函数表现为规模报酬不变,即如果所有投入以相同的比例增加,产出也将以这个比例增加。二是经济是竞争性的,即经济要素按其边际产品支付报酬,MPL 等同于真实工资。从数学形式化的角度看,新古典的经济增长模型把人口增长率、技术进步速度看成是外生给定不变的,相当于给劳动力和技术水平这两个变量设定了一个特殊的“生产函数”,它把相应变量的单位时间增量看成是一个固定的常数(外生给定的增长率)乘以相应时点上的该变量本身。

新古典增长理论将技术进步作为促进经济增长的非常重要的一个独立因素，根据索洛1957年《技术改变和总产量生产函数》对美国1909—1949年国民收入增长因素分析，技术进步对经济增长的贡献率为67.59%，投入要素贡献为32.41%，由此可见技术进步对经济增长作用的重要性。在新古典经济增长模型中，整个经济中的最终产出被看做是有许多自变量构成的生产函数模型，这些自变量本身在模型中随时间而变化。最终产出生产函数的自变量包括了物质资本、技术水平、劳动力，现在也有将人力资本加入到生产函数的自变量中来。虽然该理论将经济增长归因于技术进步，但未能确定影响技术进步的经济因素。另外，它对于经济增长与储蓄率在稳态时无关联的结论也与经验有较大偏差，实际数据显示各个国家的储蓄率与经济增长是正相关的。

三、新经济增长模型

新经济增长理论(或内生经济增长理论)的增长模型不同于新古典增长模型的地方，就在于它们都力求通过很正规的生产函数(类似于最终产出的生产函数)，来说明作为生产函数自变量的技术、人力资本等因素如何决定资本的增长。在新古典增长理论中，技术进步和人口增长都是外生的，有着相同技术和人口增长率的国家最终会接近于相同的经济增长率；而新经济增长理论试图使增长率内生化，即增长率是由经济体系内部所决定的。

新经济增长理论在最终经济产出总量的生产函数和其他生产函数中引入一种新的自变量——人力资本的存量H，作为与物质资本K、劳动力L和技术A并列的第四种自变量，最终经济产出总量的生产函数可记为如下形式：

$Y(t)=A(t)^{\theta}K(t)^{\alpha}H(t)^{\beta}L(t)^{\gamma}$。

许多新增长模型致力于将单位时间技术增加的数量作为投入的人力资本、物质资本、劳动力和技术本身的产物。以一个典型的柯布—道格拉斯生产函数来描述整个经济中技术的生产过程，在这一公式中，H_A、K_A 和 L_A 分别表示用于技术生产的人力资本、物质资本和劳动。

$\frac{da(t)}{dt}=A(t)^{\theta}H_A(t)^{\chi}K_A(t)^{k}L_A(t)^{\zeta}$。

这里把用于最终经济产出生产的人力资本、物质资本和劳动区别于用于技术生产的人力资本、物质资本和劳动。因为通常看来人力资本、物质资本和劳动在消费上具有“竞争性”，用于最终经济产出生产的人力资本、物质资本和劳动会影响技术本身的“生产”。即加入最终产品生产的人力资本、物质资本和劳动不可能加入技术本身的生产。但是技术是一种“公共物品”，意味着同一种技术可以既加入最终产品的生产，同时又加入技术本身的进一步“生产”，形成技术进步。这样，同一份技术 A 可以同时出现在最终产品和技术本身这两个不同的生产过程中。

到目前为止，经济增长模型通常都假定劳动力数量及其增长率是外生给定的。这其实等于假定了一种特殊的劳动力“生产函数”，单位时间的劳动力增量等于现有劳动力数乘以一个不变的比率，这个不变的比率就是人口的增长率 n。但是实际的生活经验告诉我们，即使是一个简单的劳动力的生产也需要有一定的技术，也要高度耗费物质资本、人力资本和人力的投入。新经济增长理论的发展要求把人口的增长率内生化，将单位时间的劳动力增量看做劳动力、物质资本、人力资本的投入和技术水平等多种自变量的函数。

巴罗和贝克尔 1989 年提出了将人口的增长率内生化的经济

增长模型，设计了专门的模型来说明劳动力的增长率如何决定。这种将人口增长的决定内生化的经济增长模型不仅包含有关人口增长的最优化决策，而且也暗含增加劳动力或人口时所必须服从的投入产出关系，其形式与通常的"生产函数"相似。按照新经济增长理论的研究方式将最终经济产出的生产函数设计成有劳动、人力资本、技术和物质资本4个自变量，并且将这4种自变量物品的增长率都内生化，分别设计出"生产函数"，从公式中推导出稳态增长所必须满足的条件。新经济增长模型将古典经济增长模型中的技术、人力资本甚至劳动力等自变量因素进行内生化处理，试图找出这些因素增长的内在联系。

第二节　石羊河流域经济增长的总体状况

改革开放以来，石羊河流域和其他地方一样，也已经保持了30年的强劲经济增长，1978—2007年，武威市的GDP总量由2.78亿元增长至187.65亿元，增长了66倍(当年价)，以1978年为基准的则为14倍，年均增长率为9.92%；人均GDP由195元增加至9885元，以当年价计算增长了近50倍，年均增长40%。具体参见表4-1和图4-1。金昌市自1981年建市以来，经济一直处于高速增长状态，全市GDP总量由1981年的3.25亿元增加至2005年的115.87亿元，增加了34.62倍，年均增长率为12.60%，人均年GDP由1981年的1066元增至2.50万元，增加了22.41倍，年均增长率为10.23%，具体参见表4-2和图4-2。

表 4-1　武威市 1978—2007 年经济总量及增长率统计(当年价)

年份	GDP		第一产业		第二产业		第三产业		人均 GDP	
	总量/万元	增长率/%	总量/万元	增长率/%	总量/万元	增长率/%	总量/万元	增长率/%	总量/万元	增长率/%
1978	27810		15853		6345		5712		195	
1980	32369	16.39	18685	17.86	6592	3.89	7092	24.16	224	14.87
1985	56805	75.49	30566	63.59	12897	95.65	13342	88.13	370	65.18
1987	69744	22.78	35558	16.33	16062	24.54	18124	35.84	443	19.73
1990	112232	60.92	53681	50.97	29140	81.42	29411	62.28	678	53.05
1993	199791	78.02	72159	34.42	44754	53.58	82878	181.79	1146	69.03
1995	341007	70.68	154464	114.06	74534	66.54	112000	35.13	1910	66.67
1998	532998	56.30	212816	37.78	149187	100.16	170995	52.67	2847	49.06
2000	642815	20.60	223684	5.11	186810	25.22	232321	35.86	3373	18.48
2003	995234	54.82	277300	23.97	304651	63.08	413283	77.89	5150	52.688
2005	1418113	42.49	388116	39.96	455282	49.44	574715	39.06	7322	42.18
2007	1876502	32.32	479579	23.57	666108	46.30	730815	27.16	9885	35.00

数据来源:2008 年《武威统计年鉴》,56–59 页。

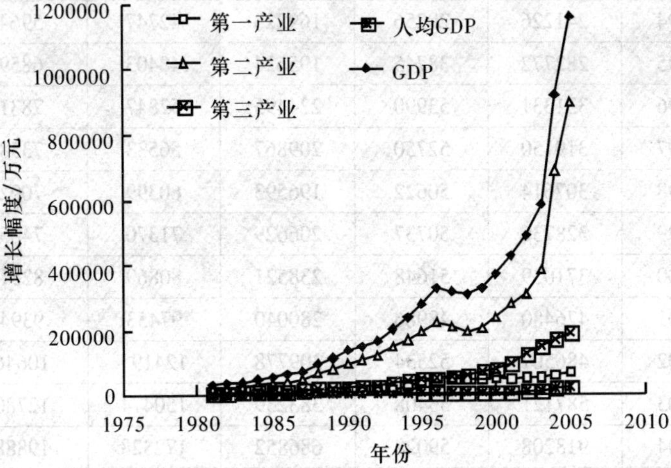

图 4-1　1978 年以来的 GDP 及各产业增长幅度(1978 年为 100 万元)

数据来源:2008 年《武威统计年鉴》,56–59 页。

表 4-2 金昌市历年经济状况(当年价)

年份	GDP /万元	第一产业 /万元	第二产业 /万元	第三产业 /万元	人均 GDP /元
1981	32532	5261	18342	8929	1066
1982	34623	5770	19280	9573	1117
1983	39697	6900	22527	10270	1255
1984	50176	7680	31275	11210	1568
1985	58548	7907	38431	12210	1748
1986	64493	8830	41882	13781	1847
1987	73173	9624	47994	15553	2059
1988	96436	10021	68062	18353	2672
1989	113906	11873	80376	21657	3108
1990	136898	12121	98860	25917	3661
1991	151772	12720	111430	27572	3972
1992	165989	13075	122645	30269	4270
1993	201587	16807	148934	35847	5082
1994	241226	29256	169223	42747	5964
1995	282772	38745	195624	48403	6859
1996	331331	53990	224495	52847	7831
1997	319150	52750	209867	56533	7358
1998	307614	50622	196593	60399	7002
1999	328736	50737	206629	71370	7405
2000	371039	51648	238521	80869	8251
2001	426480	48986	280040	97453	9394
2002	486507	52534	309778	124195	10646
2003	587121	53408	383239	150474	12780
2004	918208	59028	686852	172328	19888
2005	1158685	70984	894709	192992	24950

数据来源:2006 年《金昌年鉴》,205–206 页。

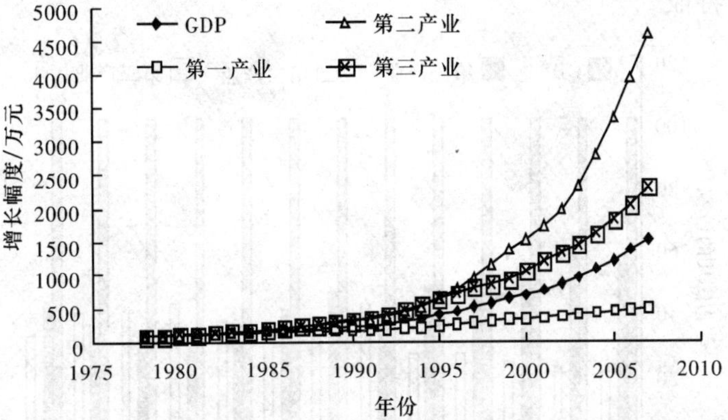

图 4-2　1981 年以来金昌市 GDP 及各产业(当年价)增长图

数据来源:2006 年《金昌年鉴》,205-206 页。

第三节　石羊河流域经济增长的基本特征

总体来看,全流域具有经济总量快速增加、年均高速增长的特点,但由于武威市和金昌市分属不同的行政区域,且两市的产业结构有较大的差异,因此在经济增长的路径方面表现出明显的不同。

一、武威市经济增长的基本特征

(一)农业仍然是经济的主导产业

改革开放以来,武威市的第一产业的增长率相对第二和第三产业来说并不高，均值为 5.91%，第二和第三产业的均值分别为 14.38%和 11.48%;但第一产业占 GDP 总量的比重一直很高,1978 年为 57%,最高的 1980 年为 57.78%,均值达 42%;从 2003 年开始,比重下降至 30%左右(见图 4-3)。呈现出典型的欠发达地区的产业特征。

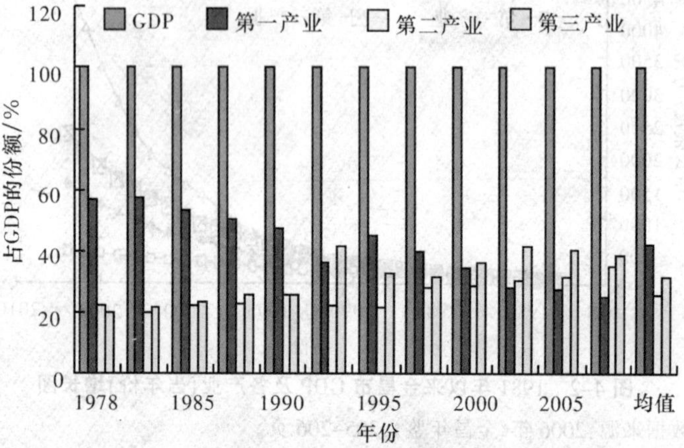

图 4-3　武威市各产业在 GDP 中的份额

数据来源:2008 年《武威统计年鉴》,56-59 页。

(二)经济增长周期明显,各产业的增长波动很大

从 1978 年以来,武威市的经济增长出现每 10 年左右一个周期的特点(见图 4-4)。其中,GDP 的增长第一个周期从 1978 开始,1990 年结束,第二个周期是 1992—2000 年。这其中,波动最大的是第二产业,第一个高峰出现在 1985 年,年增长速度高达 95.65%(以当年价计算),随后迅速下降至 24%(以当年价计算)第二个高峰期出现在 1998 年, 年增长速度 100.16%(以当年价计算)2000 年跌至谷底,为以当年价计算的 25%左右。第一产业和第三产业也有和第二产业相似的周期现象,但波动幅度相对较小。

(三)人均 GDP 增速很高,但绝对值仍然很低

从 1978 年到 2007 年, 武威市的人均 GDP 的平均增速为 44.17%左右(以当年价计算),但由于基数很低(1978 年仅为 195 元),到 2007 年仅为 9885 元(当年价),仅为金昌市当年的 1/3 左右。

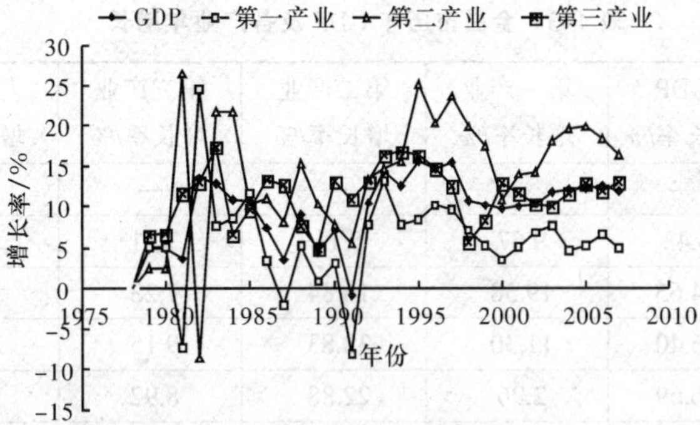

图 4-4　1978 年以来武威市的年经济增长率(以 1978 年为基数 100)

数据来源:2008 年《武威统计年鉴》,56-59 页

二、金昌市经济增长的基本特征

(一)第二产业持续高速增长,带动 GDP 增长

在金昌市的产业结构中，第二产业占 GDP 的比重 1981 年以来,历年均值为 66.90%,并且在 2004 年出现进一步扩大的趋势,2005 年高达 77.22%(见图 4-5)。第二产业的快速增长(年均值为 18.64%,最高的 2004 年达 79.22%),带动 GDP 快速增长(年均值为 16.60%，最高的 2004 年为 56.39%)，二者出现明显的正相关(见表 4-3)。第一产业和第三产业由于所占份额很小,所以增长幅度低于 GDP 的增长幅度。

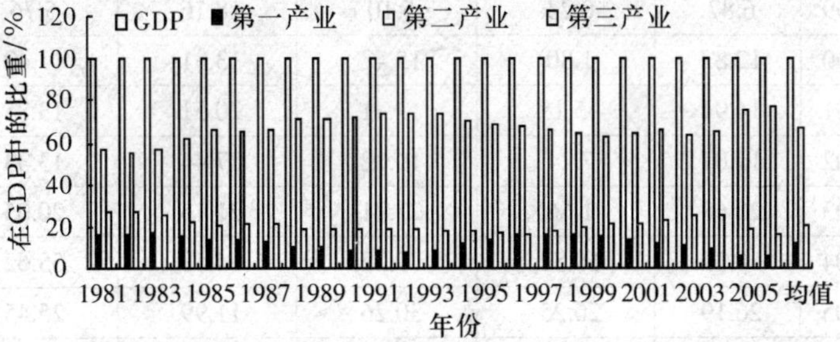

图4-5　金昌市各产业在 GDP 中的比重

数据来源:2006 年《金昌年鉴》,205-206 页。

表 4-3 金昌市历年 GDP 及各产业年增长

年份	GDP 增长率/%	第一产业 增长率/%	第二产业 增长率/%	第三产业 增长率/%	人均 GDP 增长率/%
1981	—	—	—	—	—
1982	6.43	9.67	5.11	7.21	4.78
1983	14.65	19.58	16.84	7.28	12.35
1984	26.40	11.30	38.83	9.15	24.94
1985	16.69	2.96	22.88	8.92	11.48
1986	10.15	11.67	8.98	12.87	5.66
1987	13.46	8.99	14.59	12.86	11.48
1988	31.79	4.13	41.81	18.00	29.77
1989	18.12	18.48	18.09	18.00	16.32
1990	20.19	2.09	23.00	19.67	17.79
1991	10.87	4.94	12.71	6.39	8.49
1992	9.37	2.79	10.06	9.78	7.50
1993	21.45	28.54	21.44	18.43	19.02
1994	19.66	74.07	13.62	19.25	17.36
1995	17.22	32.43	15.60	13.23	15.01
1996	17.17	39.35	14.76	9.18	14.17
1997	–3.68	–2.30	–6.52	6.97	–6.04
1998	–3.61	–4.03	–6.32	6.84	–4.84
1999	6.87	0.23	5.10	18.16	5.76
2000	12.87	1.80	15.43	13.31	11.42
2001	14.94	–5.15	17.41	20.51	13.85
2002	14.07	7.24	10.62	27.44	13.33
2003	20.68	1.66	23.71	21.16	20.05
2004	56.39	10.52	79.22	14.52	55.62
2005	26.19	20.25	30.26	11.99	25.45
均值	16.60	12.55	18.64	13.80	14.61

数据来源:2006 年《金昌年鉴》,205–206 页。

(二)经济增长呈现明显的周期性规律

1981—2005年,金昌市的经济增长出现四个小周期,第一个周期为1981—1987年,第二个为1987—1992年,第三个为1992—1998年,第四个为1998—2008年(见图4-6)。这四个小周期既不符合库茨涅茨周期等国际普遍公认的经济周期,也和武威市每10年一个的周期不同,我们初步认为,这与金昌市独特的以有色金属冶炼为主体的单一产业结构有关,当外部对其产品需求旺盛时,第二产业快速拉动GDP的增长,外部需求下降时,GDP也快速下降,和其他多元产业结构的经济不同,难以形成相应的经济波动滞后期。

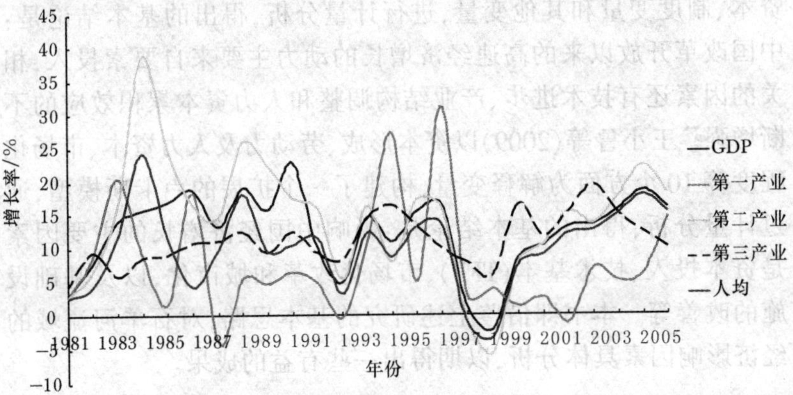

图4-6 金昌市历年经济增长

数据来源:2006年《金昌年鉴》,205-206页。

(三)人均增长高于第二和第三产业增长水平

1981年以来,金昌市的人均增长率的均值为14.62%,1988年和2004年达到两个峰值,分别为29.77%和55.62%,低谷位于1997年,为-6.04%,而同期的第二和第三产业的波动要小得多,这进一步验证了金昌市的经济波动是由其独特的经济结构造成的结论。

第四节　流域经济增长的因素分析

由前面的基础数据可以看出，改革开放以来，石羊河流域的经济增长确实是前所未有的。那么，石羊河流域经济高速增长的动力是什么？按照前文所述可知，影响经济增长的因素是包括资本形成、劳动力投入、人力资本和制度变迁等多个方面。利用经典的经济增长模型研究中国改革开放30年来经济增长动力的文献很多，其中有代表意义的是邱晓华和王小鲁等的研究成果。邱晓华等(2005)以两要素生产函数为基础，通过引入结构变量、人力资本、制度变量和其他变量，进行计量分析，得出的基本结论是：中国改革开放以来的高速经济增长的动力主要来自要素投入，相关的因素还有技术进步、产业结构调整和人力资本累积效应的不断增强。王小鲁等(2009)以资本形成、劳动力及人力资本、市场化程度等10个方面为解释变量，构建了一个扩展的卢卡斯模型，通过计量分析，得出的基本结论是：影响中国经济增长的主要因素是资本投入、技术基本(TFP)、市场化改革和城市化，以及基础设施的改善等。本书即借鉴上述研究的基本思路，对石羊河流域的经济影响因素具体分析，以期得出一些有益的成果。

一、武威市的经济增长因素分析

(一)武威市经济增长因素

1.资本形成

无论是古典经济增长模型，还是新古典经济增长模型，均将资本形成列为促进经济增长的关键因素。这里，我们也将其作为分析问题的第一部分。由于资料的可得性，以2000年以来的统计资料为基础，测算出武威市的资本形成数据，其年新增投资见表4-4。

表 4–4　2000 年以来武威市的新增投资数据

年份	新增投资(当年价)/元	投资增长率/%
2000	151765	21.22
2001	188241	24.03
2002	233490	24.04
2003	347891	49.00
2004	460336	32.32
2005	259683	–43.59
2006	248779	–4.20
2007	283597	14.00
均值	271722.8	14.60

数据来源：甘肃经济网，2000—2008 年《武威统计年鉴》。

注：资本形成的计算公式为 $K_t=K_{t-1}+I_t$（不考虑资本折旧），资本形成增长率为 $\dot{K}=\frac{K_{t-1}}{K_t}\times 100\approx\frac{I_{t-1}}{I_t}$。因此，表 4–4 的投资增长率可以看成是资本形成增长率。

由表 4–4 可以看出，2000 年以来，武威市的年新增投资快速增长，年均值高达 27.17 亿元，年均增长率高达 14.6%。

2.劳动力与人力资本

劳动力是内陆地区经济增长的重要因素。改革开放以来，大量的熟练和非熟练劳动力从土地的束缚中解放出来，进入第二和第三产业，推动了经济的快速增长。但随着"人口红利"时代的结束、劳动者平均受教育水平的提高、工资和社保成本的上升等诸多因素的影响，未来产业部门对非熟练工人的需求必然会降低，这意味着对人力资本的重要性日趋突出。

关于人力资本，一般认为其质量取决于教育程度（学校教育和在职培训）的有效劳动力，王小鲁等（2009）提出人力资本存量等于受过一定教育的劳动力总量与他们受教育年限的乘积。由于统计资料的缺乏，在此只以劳动力的投入增量进行分析。

武威市的劳动力基数比较大，2007 年城乡劳动力人数为 115.86 万人。2000 年以来，我国多年实施的严格计划生育已见成效，年均劳动力增量为 2.9%，远低于投资的增长率。

3.市场化改革

市场化改革是我国经济体制改革的重点，其对资源配置优化，促进经济增长的作用已经得到大量的实证检验。为方便起见，在此以非国有经济在工业产值中的比重作为市场化程度的近似指标。2000 年以来，武威市的市场化程度总体上逐年提高，已经由 2000 年的 0.20 提升至 2007 年的 0.59 左右，但较东部沿海发达地区的 0.8～0.95 的水平，仍然有较大的差距。

4.城市化

如前面有关章节所述，文中以城镇人口占全部人口的比重来衡量武威市的城市化程度。尽管自 2000 年以来，城市化水平快速提升，已经由 0.13 提高至 2007 年的 0.23，但总体来说，与东部沿海地区的 0.7～0.85 的城市化率仍然有很大的差距。

下面就以上述的几个因素为解释变量，以当年的 GDP 为被解释变量，通过构建模型，来分析影响武威市经济增长的因素。

(二)模型的构建

参照邱晓华等(2006)的建模方法，以两要素生产函数为基础，具体形式为：

$$Y=F(K,L)=K^{\alpha}L^{\beta} \tag{2}$$

其中，Y，K,L 分别代表总产出、资本投入、劳动投入，引入随机变量 ε，构成模型一如下：

$$\ln Y_t=\alpha K_t+\beta L_t+\varepsilon_t \tag{3}$$

为测度影响经济增长的其他因素，引入了市场化和最终消费变量，则(2)式变为：

$$Y=F(K,L,Mk,Cu)=K^{\alpha}L^{\beta}Mk^{\xi}Cu^{\tau} \qquad (4)$$

对式(3)两边取对数并添加随机变量，构成模型二如下：

$$\ln Y_t=\gamma t+\alpha\ln K_t+\beta\ln L_t+\xi\ln Mk_t+\tau\ln Cu+\varepsilon_t \qquad (5)$$

为测度城市化对经济增长的影响，再引入城市化变量 Ct，则生产函数转化为：

$$Y=F(K,L,Mk,Cu,Ct)=K^{\alpha}L^{\beta}Mk^{\xi}Cu^{\tau}Ct^{\gamma} \qquad (6)$$

构成模型三如下：

$$\ln Y_t=\alpha\ln K_t+\beta\ln L_t+\xi\ln Mk_t+\tau\ln Cu+\gamma Ct_t+\varepsilon_t \qquad (7)$$

用 1999—2007 年武威市的相关数据，分别代入上述 3 个模型，E-VIEW 运行结果如表 4-5。

表 4-5　各模型估计结果

	模型一	模型二	模型三
$\ln K(t)$	0.070394	0.146362	0.2044
	(0.482**)	(1.918**)	(1.503**)
$\ln L(t)$	4.284	1.3109	1.3929
	(7.208**)	(0.791**)	(0.785**)
$\ln Cu(t)$		0.6324	0.535
		(1.600**)	(1.167**)
$\ln Mk(t)$		0.0629	0.1137
		(0.437**)	(0.629**)
$\ln Ct(t)$			–0.1571
			(–0.533)
R-squared	0.792395	0.96555	0.967403
Adjusted R-squared	0.766445	0.948324	0.941326
S.E. of regression	0.244812	0.115154	0.122705
Sum squared resid	0.479464	0.079563	0.075283
Log likelihood	0.998976	9.979559	10.25607
Durbin-Watson stat	1.112251	1.680341	2.001535
N	10	10	10

注：** 表示在 5%水平上差异显著。

由表 4-5 可以看出,三个模型都通过了相应的检验。在第一个模型中,由于只考虑资本和劳动力这两个因素,对于影响经济增长的其他要素没有考虑,加之样本较小,相对于模型二和模型三,拟合度不是很好,只有 0.79。该模型中,资本的弹性只有 0.07,其对经济增长的平均拉动只有 1.02,而劳动力的弹性为 4.284,其对经济增长的平均拉动为 12.55。这说明尚有其他影响因素没有被考虑进去。

在模型二中，加入了最终消费和市场化进程这两个因素,其拟合度明显上升,为 0.966,调整后的为 0.948。在此模型中,资本的弹性为 0.146362,其对经济增长的平均拉动为 2.137,劳动的弹性为 1.3109，对经济增长的拉动为 3.84，最终消费的弹性为 0.6324,对经济的平均拉动为 7.17,市场化的弹性为 0.0629,对经济的平均拉动为 1.67。

在模型三中,加入城市化因素后,资本、劳动、最终消费、市场化程度和城市化的弹性分别为 0.2044、1.3929、0.535、0.1137 和-0.1571，其对经济增长的拉动作用分别为:2.984、5.47、6.066、3.037 和-1.45。

二、金昌市的经济增长因素分析

根据《金昌年鉴》(1998—2008 年)中的统计资料和前面有关章节中测算的数据，整理出进行经济增长因素分析所需要的有关基础数据,见表 4-6。

表 4-6 金昌市的经济增长动力分析基础数据

年份	GDP 总量/万元	投资/万元	劳动力/万人	基础设施/%	城市化率
1981	32532	4793	13.07	12.45	0.23
1982	34623	7788	14.68	12.18	0.23
1983	39697	11704	15.95	12.23	0.32

续表 4-6

年份	GDP 总量/万元	投资/万元	劳动力/万人	基础设施/%	城市化率
1984	50176	16551	17.21	11.90	0.32
1985	58548	23575	18.43	13.45	0.34
1986	64493	18710	19.12	13.18	0.34
1987	73173	18879	19.78	13.54	0.34
1988	96436	29566	20.71	13.33	0.34
1989	113906	30600	21.22	13.93	0.36
1990	136898	34649	21.95	13.57	0.36
1991	151772	59369	22.83	13.34	0.36
1992	165989	72441	23.19	13.10	0.36
1993	201587	84249	23.57	12.82	0.36
1994	241226	88303	24.18	13.70	0.40
1995	282772	117491	25.09	14.00	0.40
1996	331331	59644	25.24	13.56	0.40
1997	319150	74705	25.35	13.43	0.40
1998	307614	77619	25.45	13.97	0.40
1999	328736	95842	25.7	15.17	0.40
2000	371039	109379	25.91	15.78	0.40
2001	426480	150449	26.11	16.33	0.50
2002	486507	176525	26.31	16.58	0.50
2003	587121	234203	26.48	16.99	0.50
2004	918208	305994	26.65	18.39	0.50
2005	1158685	397281	26.82	19.18	0.50

资料来源：1998—2006 年《金昌年鉴》。

(一)金昌市经济增长模型

同样以前面的两要素模型为基础，在引入当期的基础设施(J_t)、城市化指数(C_t)和随机变量(ε)后，构成如下基本模型：

$$\ln Y_t=\alpha\ln K_t+\beta\ln L_t+\xi\ln J_t+\varepsilon_t \quad (8)$$

其中 J_t 为基础设施改善状况对经济增长的影响，以每万人拥有标准二级公路的增长率来表示。另外，为测算不同因素的影响程度，在基本模型的基础上，通过增加各要素变量，形成三个模型，将表 4-6 中的相关数据赋值 E-VIEW 的计算结果见表 4-7。

表 4-7　金昌市经济增长各模型计算结果

	模型一	模型二	模型三
$\ln K(t)$	0.608989	0.74810	0.539468
	(6.50099**)	(6.07994**)	(3.5750**)
$\ln L(t)$	1.761430	0.742985	0.998047
	(5.320796**)	(1.07636**)	(1.991128**)
$\ln J(t)$			1.260637
			(2.558018**)
$\ln Ct(t)$			0.217184
			(0.68152**)
C		1.637669	
		(1.663758**)	
R-squared	0.946693	0.952650	0.962613
Adjusted R-squared	0.944375	0.948346	0.957272
S.E. of regression	0.239840	0.231121	0.210206
Sum squared resid	1.323037	1.175174	0.927915
Log likelihood	1.263362	2.744782	5.697675
Durbin-Watson stat	0.689170	0.883967	0.804524
F-statistic		221.3136	
N	25	25	25

注：** 表示在 5%水平上差异显著。

(二)影响经济增长因素分析

三个模型都通过了各种检验，模型一中，劳动的弹性最大，为

1.761，其对经济的拉动为5.43，资本的弹性为0.609，对经济的贡献为14.29%。

在第二个模型中，由于引入了常数项C，所以劳动的弹性下降为0.743，其对经济的贡献为2.29%，资本的弹性上升为0.748，其对经济增长的贡献为17.56%，

在第三个模型中，劳动、资本、基础设施和城市化因素的弹性分别为0.998047、0.539468、1.260637、0.217，各因素对经济的贡献分别为3.078%、12.66%、2.397%和0.791%。

第五节 研究结论

根据上节的计算结果，武威市与金昌市的经济增长因素有较大的差异，因此，对两市分别讨论。

一、武威市经济增长各因素的作用

(一)对武威市经济增长贡献最大的是最终消费

一般认为，在我国的经济增长影响诸因素中，投资为主要拉动因素，而按照我们的计算结果，最终消费是GDP增长的最主要因素，这和国内其他学者的研究成果有一定的差距。初步的判断是：在影响武威市经济增长的诸因素中，存在着需求制约，随着需求的增加，产出必然增加。特别是对武威市这样一个以内需为主的地区，消费需求对经济增长来说，显得尤为重要。

(二)劳动投入对经济的贡献位居第二

劳动对武威市经济贡献如此之大，我们认为和武威市的产业特点有关。武威市以农业为主，并且其农业的机械化和资本投入都极为有限，为了扩大农业产出水平，必然要依赖劳动力的投入。

因此,劳动力的数量和质量就成为增加农业产出的关键变量。

(三)资本投入对武威市经济增长的贡献比较低

与国内多数研究成果相悖的是:投资对武威市的经济增长的贡献率比较低。我们认为,之所以如此,可能与武威市近些年全社会投资主要集中在办公设施改善、校舍维护、医疗设施以及道路建设方面有关,而生产性的投资比较少。一般所说的“资本投入”多指生产性投入,因此,在武威市的全社会投资中,真正用于生产性的资本投入并不高。如 2007 年,制造业的投资仅占 12.04%左右。由此,我们认为,要提升资本投入对经济的贡献,必须加大生产性的资本投入。

(四)市场化程度对经济的贡献位居第三

与国内学者的研究成果一致的是:市场化程度对经济增长影响位居第三。显然,市场化作为激发民间创造财富活力的关键因素,在经济转型期,具有不可替代的作用。市场化程度对武威市经济贡献如此之大,说明武威市的市场化的边际影响力尚处于上升阶段,因此要加快武威市的经济增长,必须加大体制改革,充分激发经济行为主体的创造活力。

(五)城市化水平正在成为武威市经济增长的制约因素

根据模型三的结果可知,由于武威市的城市化水平很低,制约了武威市的经济增长,对经济增长造成的损失约为 1.45%。因此,应该下大力气,增加基础设施的投资,加快城市化(城镇化)进程。

二、金昌市经济增长各因素的作用

(一)在金昌市过去的经济增长中,投资是最主要的支撑点

近些年,投资对全市年均经济增长的贡献为 64%~72%。投

资之所以起到如此大的作用，显然和金昌市以有色金属冶炼、化工等资本密集型产业结构有关。在这方面,与武威市不同,而与全国是一致的。

(二)劳动力的产出弹性尽管很大,但对经济的贡献却不高

近些年,推动我国经济高速增长的一个关键是以来料加工为主体的劳动密集型产业的快速增长,也就是说,依靠劳动力的边际产出增加来推动 GDP 的增长;但在金昌市,劳动力对地方经济增长的贡献却不大，并没有起到国内其他地区那样的重要贡献，其原因是金昌市的产业结构对劳动的需求不高。

(三)基础设施的改善对金昌市的经济增长起了重要的拉动作用

如前所述,基础设施的改善,具有很强的正外部性,通过降低企业成本、节约广义的交易费用而提升企业的竞争力,加之基础设施建设本身就是投资的一部分，所以金昌市基础设施的改善，对地方经济增长具有很大的拉大作用。

(四)城市化进程对金昌市的经济贡献并不大

与武威市不同的是:城市化进程对金昌市的经济增长贡献不是太大。我们初步的分析是:金昌市的城乡差距很大,加之金昌市独特的产业结构,使得第一和第三产业相对落后,在全市经济中所占分量很轻。

总之,在金昌市今后的经济增长中,如不能及早调整产业结构,则就业、城市化等问题就不能很好地解决,必然会影响金昌市的长期可持续发展。

参考文献

[1]亚当·斯密.国富论[M].唐日松,译.北京:华夏出版社,2005.

[2]左大培,杨春学.经济增长模型的内生化历程[M].北京:经济科学出版社,2009.

[3]费希尔,斯塔兹.宏观经济学[M].北京:中国人民大学出版社,2004.

[4]查尔斯·I·琼斯.经济增长导论[M].舒元,译.北京:北京大学出版社,2002.

[5]戴维·罗默.高级宏观经济学[M].苏剑,罗涛,译.北京:商务印书馆,1999.

[6]邱晓华,郑京平,万东华,等.中国经济增长动力及前景分析[J].经济研究,2006(5):4-12.

[7]王小鲁,樊纲,刘鹏.中国经济增长方式转变和增长可持续性[J].经济研究,2009(1):110-113.

[8]刘生龙,胡鞍钢.基础设施的外部性在中国的检验:1988—2007[J].经济研究,2010(3):95-97.

[9]刘伟,张辉.中国经济增长中的产业结构变迁和技术进步[J].经济研究,2008(11):87-89.

[10]张军.增长、资本形成与技术选择:解释中国经济增长下降的长期因素[J].经济学季刊,2002(1):57-59.

[11]Chenery H B, Robinson S, Syrquin M.Industrialization and Growth: A Comparative Study [M]. Oxford: Oxford University Press, 1986:48-52.

[12]Fagerberg J. Technological Progress, Structure Change and Productivity Growth:A Comparative Study [J]. Structural Change

and Economic Dynamics,1988(11):393-411.

[13]Timmer P M, Szimai A.Productive Growth in Asia Manufacturing: the Structural Bonus Hypothesis Examined [J]. Structural Change and Economic Dynamics,2000(11):371-392.

[14]Peneder M. Industrial Structure and Aggregate Growth [J]. Structural Change and Economic Dynamics, 2003 (14):427-448.

第五章 石羊河流域全要素生产力

全要素生产率(Total Factor Productivity,简称 TFP)又称为“索洛余值”(Solow Residual),最早是由美国经济学家罗伯特·默顿·索洛(Robert Merton Solow)提出的,是指总产出中超过资本和劳动要素投入带来的产出部分,其增长率常常被视为科技进步的指标。全要素生产率的来源包括技术进步、组织创新、专业化、生产创新和体制变革等。从增长的角度来说,全要素生产率与资本、劳动等要素投入都贡献于经济的增长。从效率角度考察,全要素生产率等同于一定时间内国民经济中产出与各种资源要素总投入的比值。从本质上讲,它反映的则是个国家(地区)为了摆脱贫困、落后和发展经济在一定时期里表现出来的能力。

全要素生产率之所以成为分析经济增长源泉的重要工具,尤其是政府制定长期可持续增长政策的重要依据,关键在于:首先,估算全要素生产率有助于进行经济增长源泉分析,即分析各种因素(投入要素增长、技术进步和能力实现等)对经济增长的贡献,识别经济是投入型增长还是效率型增长,确定经济增长的可持续性;其次,估算全要素生产率是制定和评价长期可持续增长政策的基础。具体来说,通过全要素生产率增长对经济增长贡献与要素投入贡献的比较,就可以确定经济政策是以增加总需求为主还是应以调整经济结构、促进技术进步为主。

第一节　国内外研究综述

全要素生产率的研究最早兴起于国外二战之后，在 20 世纪 80 年代后逐渐被我国学者关注。按照学术界一般观点,全要素生产率的研究最早起源于 Solow（1957)，后经 Denison、Jorgen-son、Fare、Aigner、Charnes、Caves 等的研究和发展，逐步形成了比较完整和相对成熟的全要素生产理论与测算方法。

一、国外的研究状况

(一)索洛关于全要素生产率的研究

1957 年,索洛发表了《技术变化与总和生产函数》一文,标志着全要素生产率这一全新概念的诞生和相关研究方法雏形的形成。该文的主要贡献是将经济学的生产函数理论、拟合生产函数的计量方法与国民生产核算法融为一体。

索洛在假定希克斯中性(指使资本边际生产力对劳动边际生产力比率保持不变的技术进步）和满足稻田条件［Inada Conditions,即 : $\lim_{k\to 0} f'(k)=\infty, \lim_{k\to\infty} f'(k)=0$］的基础上,构建了如下生产函数：

$$Q=A(t)f(K,L) \tag{1}$$

式(1)中,Q 为总产出,$A(t)$是一段时间内技术变化的累积效应,K 为资本投入,L 为劳动投入。对式(1)做时间变量 t 的全微分,并除以 Q 得到：

$$\frac{\dot{Q}}{Q}=\frac{\dot{Q}}{A}+\mathrm{A}\frac{\partial f}{\partial K}\times\frac{\dot{K}}{Q}+\mathrm{A}\frac{\partial f}{\partial L}\times\frac{\dot{L}}{Q} \tag{2}$$

上式中的“·”代表对时间的导数。令 W_K 和 W_L 分别为资本和劳动的产出弹性，则：

$$W_K=\frac{\partial Q}{\partial K}\times\frac{K}{Q} \tag{3a}$$

$$W_L=\frac{\partial Q}{\partial L}\times\frac{L}{Q} \tag{3b}$$

且 $\frac{\partial Q}{\partial K}=A\frac{\partial f}{\partial K}$，$\frac{\partial Q}{\partial L}=A\frac{\partial f}{\partial L}$。

将式(3a)和(3b)带入式(2)，可以得到：

$$\frac{\dot{Q}}{Q}=\frac{\dot{A}}{A}+W_K\frac{\dot{K}}{K}+W_L\frac{\dot{L}}{L} \tag{4a}$$

在考虑人均产量和人均资本量的基础上，可将式(4a)写成式(4b)的形式：

$$\frac{\dot{q}}{q}=\frac{\dot{A}}{A}+W_K\frac{\dot{k}}{k} \tag{4b}$$

进一步可以得到以下两式：

$$\frac{\dot{A}}{A}=\frac{\dot{Q}}{Q}-W_K\frac{\dot{K}}{K}-W_L\frac{\dot{L}}{L} \tag{5a}$$

$$\frac{\dot{A}}{A}=\frac{\dot{q}}{q}-W_K\frac{\dot{k}}{k} \tag{5b}$$

式(5a)和(5b)是索洛全要素生产率的基本思想，即总产出增长中无法由劳动投入增长和资本投入增长说明的部分归结为“技术变化”，该值也因此被称为“索洛余值”(Solow Residual)，而这个索洛余值正是“全要素生产率”。

索洛采用了式(5b)的计算方法，对美国 1909—1949 年的全要素生产率进行了研究。他的测算结果表明，美国在 1909—1949 年的年经济增长率中，人均资本增长占 12.5%，其余部分是生产率提高的贡献，占 87.5%。索洛关于美国全要素生产率的研究成为里程碑式的事件，从此引发了国外长达几十年的关于全要素生产率的研究。索洛的研究揭示了经济增长是多种因素作用的结果，除了生产要素的投入外，技术进步也同样起着重要的作用，技术进步可以在生产要素投入量不变的条件下使经济得到增长。

（二）丹尼森关于全要素生产率的研究

诺贝尔经济学奖的获得者丹尼森 (Edward Fulton Denison)是另外一位对全要素生产率研究作出贡献的经济学家。他 1962 年出版的《美国经济增长的因素和我们面临的选择》(又名《美国经济增长的源泉》)一书，对美国经济增长因素进行了详细地分析。丹尼森把经济增长因素归为两大类：一是生产要素投入量；二是生产要素生产率。在他看来，属于生产要素投入量的有劳动和资本两项，劳动表现为劳动在数量上的增长和质量上的提高，资本表现在数量上的增加。属于生产要素生产率的有三项，即资源配置的改善、节约的规模和知识的进展及其在生产上的应用。

丹尼森采用了增长核算的方法来测算全要素生产率，选择如下的函数形式：

$$Y_t=A_tF(K_t,L_t) \tag{6}$$

在式(6)中，Y_t 代表 GDP，A_t 代表技术水平或全要素生产率，K_t 和 L_t 代表 t 时期资本和劳动力两项生产要素的投入。假设经济系统处于竞争状态，生产函数符合柯布—道格拉斯形式，并满足规模报酬不变的性质，对式(6)先取对数再求导，就可得出增长核算的核心公式：

$$\frac{dY}{Y}=\alpha\frac{dK}{K}+(1-\alpha)\frac{dL}{L}+\frac{dA}{A} \tag{7}$$

其中 dY/Y 表示年度产出的增长率，α 和 $(1-\alpha)$ 是两个加权项，分别代表资本和劳动力在要素投入中所占的份额。这个公式将产出的增长分解为资本(dK/K)、劳动力(dL/L)和技术进步的增长(dA/A)之和,其中(dA/A)即为全要素生产率的增长率。

丹尼森发展了“余值”的测算方法,主要是把投入要素分类更加细化,把资本分类为:住宅建筑和住宅土地;非住宅建筑和设备;非住宅土地以及存货。在劳动投入分类中考虑了就业工作时间、劳动者教育、性别和年龄等因素,然后利用全数合成总投入指数。

丹尼森利用美国 1905—1957 年的历史数据，首先估算出资本和劳动力报酬占国民经济收入的比率、GDP 的年均增长率、资本和劳动力的年均增长率，然后将估算值代入增长核算的公式，其结论是:在美国年均 2.9%的经济增长率中,有 1.575%来自于资本和劳动力数量的增加,剩下 1.325%是生产函数中要素投入的增长所不能解释的,也就是用传统经济分析方法估算劳动和资本对国民收入增长所起的作用时产生的大量未被认识的、不能由劳动和资本的投入来解释的“余值”,即来源于全要素生产率的变化。在研究过程中,丹尼森对投入要素进行了细致地划分,如将劳动投入分级为劳动时间、就业状况等因素，从而最终估算出美国 1929—1948 年全要素生产率的国民收入增长的贡献为 54.9%,显著低于索洛的估算。丹尼森的又一贡献是通过定量分析和令人信服的解释提出了一套分解“索洛余值”的方法。他将“索洛余值”中包含的因素分为规模经济效用、资源配置的改进和组织管理改善、知识上的延时效应以及资本和劳动力质量本身的提高等,这无论在理论上还是在现实上,都有其重要意义。

(三)乔根森关于全要素生产率的研究

乔根森(Dale W. Jorgenson)在全要素生产率研究的问题上有两大贡献。一是采用超越对数生产函数的形式,在部门和总量两个层次上进行全要素生产率的测算;二是把总量产出、资本投入与劳动投入进行了比丹尼森更加细致的分解,以保证“产出和投入的数量是精确地测量的”。

乔根森等1973年提出“共轭对偶和超越对数生产函数”的计量方法，用于生产率的度量。他们所使用的基础模型仍是索洛总量生产函数 $Y=F(K,L,T)$，并假定它具有规模报酬不变的特征。

$$生产率增长率：Y_T=\frac{\partial \ln Y(K,L,T)}{\partial \ln K} \quad (8)$$

转换成多元回归模型：

$$Y_T=\alpha_t+\beta_{KT}\ln K+\beta_{LT}\ln L+\beta_{TT}\ln T \qquad (\alpha+\beta=1) \quad (9)$$

由于超越对数生产函数中，引进了二次项，能使生产率增长率的估计提高精度。

乔根森对产出与投入要素的有效分解方面，能对产量与投入要素思想进行较好的阐述，如劳动力是按行业、性别、年龄、教育、就业类别和职业6个特征进行交叉分类，劳动投入的增长是工作小时数和劳动质量这两者变动的总和。乔根森根据自己的研究方法和产出投入数据对战后美国经济增长进行了研究，得出的结论是：人力资本和非人力资本投入是经济增长的主要根源，而生产率的作用却明显是次要的。1948—1979年期间，美国每年资本投入和劳动投入对于3.4%的产出增长的贡献是2.6%，也即这两项投入占产出增长的3/4还多。同期，生产率提高的贡献 平均每年仅为0.81%，占产出增长率的23.68%。技术进步对经济增长的贡献率远远低于索洛和丹尼森的估算。

(四)其他关于全要素生产率的研究

与索洛、丹尼森和乔根森等人采用增长核算方法不同，还有一批研究者采用新的方法来进行生产率以及全要素生产率的研究。这些学者包括Farrell (1957)、Aigner (1977)、Charnes(1978)、Caves(1982)等。他们相继提出以下几类理论和研究方法。

1.生产前沿理论

以索洛为代表的生产函数法测度全要素生产率时,假定所有生产者在技术上是充分有效的,从而将产出增长扣除要素投入贡献之后的剩余全部归结为技术进步。但 Farrell 等(1957)认为,并不是每一个生产者都处在生产函数的前沿上,能够达到技术前沿的只是少数生产者,大部分生产者的效率与最优的生产效率存在一定的差距,这种差距被定义为技术无效率。在生产函数的测算中,直接使用实际要素投入和产出数据进行生产函数的常规拟合,得到的生产函数反映的只是一定投入要素组合与平均产出量之间的关系,这种平均意义下的生产函数有悖于生产函数理论的前提。在生产函数分析过程中,应当将生产者的全要素生产率分解为前沿技术和技术效率两个部分,从而能够进一步研究生产率变化和经济增长的根源,比"索洛余值"方法更接近生产和经济增长的实际情况。Farrell 采用线性规划模型求解出所观测投入空间的凸边界,从而测算生产前沿函数和技术效率。通过 Farrell 模型的求解,就可以得到全部生产前沿面上的参数,从而确定生产前沿面。Farrell 的生产前沿模型是此方面研究的最早雏形,以此为基础,生产前沿面研究形成了两个发展方向:参数方法和非参数方法。参数方法沿袭了传统的生产函数估计思想,首先根据需要构建一种具体的生产函数形式,然后通过适当的方法估计位于生产前沿面上的函数参数,从而完成前沿生产函数的构造;非参数方法绕开了参数方法中函数形式假定、参数估计有效性和合理性等诸多因素,考虑生产前沿函数的具体形式,直接通过所观测的大量实际生产点数据找出位于生产前沿包络面上的相对有效点,从而确定生产前沿。

2.随机前沿方法

Farrell 提出的前沿生产模型没有考虑生产者行为的实际观

测总是受随机误差扰动的影响,也没有考虑到个别生产者与最有生产率的差距会受到生产过程中随机因素的影响,因而所建立的模型被称作确定性前沿模型。为了弥补确定性前沿模型的缺陷,Aigner、Lovell 和 Schmidt(1977)以及 Meeusen 和 Broeck(1977)在确定性前沿模型基础上引入随机扰动项,分别独立提出了随机前沿方法,以更为准确地描述生产者行为。他们得出模型的基本含义为:每个厂商生产的产量受到生产函数以及随机扰动和技术非效率的综合影响,个别厂商不能达到最优状态时因为受到随机扰动和技术非效率的影响。尽管,随机扰动和技术非效率无法直接观测,但是在假定随机扰动为白噪声的情况下,多次观测的均值应当为零。因此,个别生产者的技术效率(Technical Efficiency)可以用样本中该生产者产出的期望与随机前沿的期望的比值来确定。

3.数据包络分析方法

数据包络分析 (Data Envelopment Analysis)方法,从严格意义上来讲,此法属于非参数前沿效率分析方法,基本思想来自 1957 年 Farrell 提出的多投入单产出的生产前沿模型。Charnes、Cooper 和 Rhodes (1978, 1981) 把 Farrell 模型扩展为多投入多产出的 CCR 模型,并将这种分析方法正式命名为 DEA。DEA 的最初设计思想是使用数学规划模型比较决策单元(DMU,Decision Making Unit)之间的相对效率,因为具有无须设定生产函数、无须统一量纲等优点而被广泛应用。随着 DEA 研究的不断深入,在 CCR 模型的基础上又出现众多用于解决实际问题的模型。CCR 模型假定规模报酬不变,因而又被称作 CRS 模型,仅仅能测算包括规模效率在内的综合技术效率(STE),1984 年 Banker、Charnes 和 Cooper 又提出了 BCC 模型,在 CCR 模型的基础上增添了一个凸性假设,能够计算排除规模效率以外的技术效率;随后又出现了能计算纯技术效率的要素拥挤 DEA 模型、能够计算资源配置效率的成本有效 DEA 模型。

4.Malmquist 指数分析方法

Malmquist 指数是瑞典经济学家和统计学家 Sten Malmquist 在 1953 年分析不同时期消费变化提出来的一种统计综合方法。1982 年,Caves 等首次提出了 Malmquist 生产率指数,由于计算困难等问题很少有人把这种方法用于实际研究。直到 1994 年,Rolf Fare、Grosskopf、Norris 等给出了用于 Malmquist 指数的线性规划算法,建立了考察全要素生产率增长的 Malmquist 生产力指数,并把全要素生产率变动 (TFP Change) 分解为技术变动(Technical Change)和技术效率变动(Technical Efficiency Change),从此以后 Malmquist 指数方法得以广泛应用,成为现代生产率问题研究中的一个重要方法,应用于农业、金融、医疗等各种部门和企业的生产率度量与比较研究。Malmquist 在距离函数(Distance Function)的基础上定义和产生,要想计算 Malmquist 指数必须先计算距离函数,而距离函数的求解可以分为参数方法和非参数方法。用参数方法求解,需要明确便捷生产含的具体形式并进行参数的估计,将会遇到生产函数的选择以及变量分布假设的选择等问题,计算结果具有很大的随机性;而使用非参数方法可以避免上述问题的出现,而 DEA 方法则是 Malmquist 指数计算的一种常用非参数方法。

二、国内的研究状况

在我国,自 20 世纪 80 年代以来,开始注意全要素生产率研究领域,近年来有些学者对我国的全要素生产率问题开展了较为深入的研究,所做的工作主要有两方面:一是对中国全要素生产率计算方法或模型的修正,如郑玉歆(1999) 对全要素生产率测度和经济增长方式转变的阶段性规律进行了详细讨论,易纲、樊纲和李岩(2003) 提出中国经济存在效率提升的四点证据,并给出新兴经济全要素生产率的测算模型;二是利用已有的模型,对近些年全要素生产率进行了测算。如舒元(1993)利用生产函数法估算中国 1952—1990 年全要素生产率增长率,得到的结论是,全要素生产率增长率为 0.02%, 对产出增长的贡献率为 0.3%; 王小鲁(2000)同样利用生产函数法估算中国 1953—1999 年全要素生产率增长率,得到的结论是,1953—1978 年全要素生产率增长率为-0.17%,1979—1999 年全要素生产率增长率为 1.46%,对经济增长的贡献率为 14.9 %;郭庆旺等(2005)利用"索洛余值"法等四种方法,测算了我国 1979—2005 的全要素生产率,得出了全要素生产率平均增长 0.891%,对经济增长平均贡献率为 9.46%的结论。至于在地区层面上研究全要素生产率的主要有叶德磊等(2010)、李卫林等(2010)、武群丽(2010)等。

第二节　全要素生产率的计算方法

在全要素生产率的具体估算中,目前形成了两大类比较成熟的方法:一类是增长会计法,另一类是经济计量法。增长会计法是以新古典增长理论为基础,估算过程相对简便,考虑因素较少,但主要缺点是假设约束较强, 也较为粗糙; 而经济计量法利用各种经济计量模型估算全要素生产率, 较为全面地考虑各种因素的影响,但估算过程较为复杂。

一、增长会计法

增长会计法 (growth accounting approach) 的基本思路是以新古典增长理论为基础,将经济增长中要素投入贡献剔除掉,从而得到全要素生产率增长的估算值，其本质是一种指数方法。按照指数的不同构造方式，可分为代数指数法和几何指数法（也称索洛余值法）。

（一）代数指数法（AIN）

代数指数法（arithmetic index number approach，AIN）最早由艾布拉姆威兹（Abramvitz，1956）提出，其基本思想是把全要素生产率表示为产出数量指数与所有投入要素加权指数的比率。

假设 t 期的商品价格为 P_t，数量为 Q_t，则总产出为 P_tQ_t，生产中资本投入为 K_t，劳动投入为 L_t，资本的价格即利率为 r_t，工资率为 w_t，则总成本为 $r_tK_t+w_tL_t$。在完全竞争和规模收益不变的假设下，有总产出等于总成本，即：

$$P_tQ_t=r_tK_t+w_tL_t \tag{10}$$

但由于技术进步等因素的影响，式(10)往往不成立，可将其改写为：

$$P_0Q_t=TFP_t(r_0K_t+w_0L_t) \tag{11}$$

其中，P_0,r_0,w_0 分别为基年价格、利率和工资。参数 TFP_t 为全要素生产率，反映技术进步等因素对产出的影响。

式(11)就是全要素生产率的代数指数公式。后来，经济学家们又提出各种全要素生产率代数指数，它们的形式虽不同，但基本思想是一样的。

代数指数法很直观地体现出全要素生产率的内涵，但缺陷也十分明显，主要体现在它虽然没有明确设定生产函数，但暗含着资本和劳动力之间完全可替代，且边际生产率是恒定的，这显然缺乏合理性。所以这种方法更多的是一种概念化方法，并不适于具体实证分析。

(二)索洛余值法(SR)

索洛余值法的基本思路是估算出总量生产函数后,采用产出增长率扣除各投入要素增长率后的残差来测算全要素生产率增长,故也称生产函数法。在规模收益不变和希克斯中性技术假设下,全要素生产率增长就等于技术进步率。总量生产函数为:

$$Y_t=\theta(t)f(X_t) \tag{12}$$

其中,Y_t 为 t 年产出,$X_t=(x_{1t}, x_{2t}, x_{3t},\cdots,x_{nt})$为要素投入向量,$x_{nt}$ 为 t 年第 n 种投入要素。假设 $\theta(t)$为希克斯中性技术系数、$f(\cdot)$为一次齐次函数,即意味着技术进步不影响投入要素之间的边际替代率,所有投入要素都是规模收益不变的。将式(12)两边同时对时间 t 求导,并同除以式(12)得:

$$\frac{\dot{Y}}{Y}=\frac{\dot{\theta}}{\theta}+\sum_{n=1}^{N}\delta_n\left(\frac{\dot{x}_{nt}}{x_{nt}}\right) \tag{13}$$

其中,$\delta_n=\left(\frac{\partial Y_t}{\partial x_{nt}}\right)\left(\frac{x_{nt}}{Y_t}\right)$为第 n 种投入要素的产出份额。$\frac{\dot{\theta}}{\theta}$即为全要素生产率。

δ_n 需要通过总量生产函数进行测算。一般考虑用两要素的 C–D 函数:$Y_t=AK_t^{\alpha}L_t^{(1-\alpha)}$,将此函数两边同时取自然对数得:

$$\ln(Y_t)=\ln(A)+\alpha\ln(K_t)+(1-\alpha)\ln(L_t)+\varepsilon_t \tag{14}$$

其中,$K_t,L_t,\alpha,1-\alpha$ 分别为 t 期的资本存量、劳动投入、平均资本和劳动产出份额,ε_t 为随机误差。

考虑到规模收益不变的条件下,将式(14)转化成如下形式:

$$\ln\left(\frac{Y_t}{L_t}\right)=\ln(A)+\alpha\left(\frac{K_t}{L_t}\right)+\varepsilon_t \tag{15}$$

对上述双对数模型,可以利用 OLS 估算。

资本存量测算公式为:

$$K_t=I_t/P_t+(1-\sigma_t)K_{t-1} \tag{16}$$

其中 K_t 为 t 年的实际资本存量,K_{t-1} 为 $t-1$ 年的实际资本存量,P_t 为固定资产投资价格指数(IPI),I_t 为 t 年的名义投资,σ_t 为 t 年的固定资产的折旧率。在确定了资本存量的初值以及实际净投资后,便可以利用式(16)给出各年的实际资本存量。然后,利用回归方程估计出平均资本产出份额 α 和平均劳动力产出份额 $1-\alpha$,再将其带入全要素方程,即可以得到全要素生产率增长率。

索洛余值法开创了经济增长源泉分析的先河,是新古典增长理论的一个重要贡献。但它也存在一些明显缺陷:索洛余值法建立在新古典假设即完全竞争、规模收益不变和希克斯中性技术基础上,这些约束条件很强,往往难以满足;具体估算中,由于资本价格难以准确确定,所以利用资本存量来代替资本服务,忽略了新旧资本设备生产效率的差异以及能力实现的影响。此外,索洛余值法用所谓的“余值”来度量全要素生产率,从而无法剔除掉测算误差的影响。上述这些因素都不可避免地导致全要素生产率的估算偏差。

二、经济计量法

由于增长会计法存在较多缺陷, 后人提出很多经济计量方法,以期借助各种经济计量模型和计量工具准确地估算出全要素生产率。常用的主要有两种计量方法,即隐性变量法和潜在产出法。

(一)隐性变量法(LV)

隐性变量法(latent variable approach ,LV)是将全要素生产率视为一个隐性变量即未观测变量,借助状态空间模型(state space model),利用极大似然估计给出全要素生产率估算。

由于产出、劳动力和资本存量数据的趋势成分通常是单位根过程,且三者之间不存在协整关系,所以往往利用产出、劳动力和资本存量的一阶差分序列来建立回归方程。如生产函数为 C-D 函数且规模收益不变时,有如下观测方程:

$$\Delta\ln(Y_t)=\Delta\ln(TFP_t)+\alpha\Delta\ln(K_t)+(1-\alpha)\Delta\ln(L_t)+\varepsilon_t \quad (17)$$

假设 $\Delta\ln(TFP_t)$ 为一个隐形变量,且遵循一阶自回归过程,则有如下状态方程:

$$\Delta\ln(TFP_t)=\rho\Delta\ln(TFP_{t-1})+\upsilon_t \quad (18)$$

其中,ρ 为回归系数, 且满足 $|\rho|<1$,υ_t 为随机误差。利用式(17)和(18),通过极大似然估计,就可以得到 t 期的全要素生产率的估算值。

在具体估算中,为了避免出现伪回归,需要进行模型设定检验包括数据平稳性检验和协整检验。平稳性检验和协整检验的方法很多, 常见的有 ADF (the Augmented Dickey Fuller) 单位根检验和 JJ(Johanson and Juselius ,1990) 协整检验。

隐形变量法的优点在于将全要素生产率视为一个独立状态变量,能够剔除一些测算误差对其的影响。

(二)潜在产出法(PO)

索洛余值法和隐性变量法在估算全要素生产率时,都暗含一个重要的假设即认为经济资源得到充分利用,此时,全要素生产率增长就等于技术进步率。换言之,这两种方法在估算全要素生产率时,都忽略了全要素生产率增长的另一个重要组成部分——能力实现改善(improvement incapacity realization) 即技术效率提升的影响。潜在产出法(potential output approach ,PO) 也称边界生产函数法 (frontier production function) 正是基于上述考虑提出的,其基本思路是遵循法雷尔(Farrell ,1957)的思想,将经济增长归为要素投入增长、技术进步和能力实现改善(技术效率提升) 三部分,全要素生产率增长就等于技术进步率与能力实现率改善之和，估算出能力实现率和技术进步率，便能得出全要素生产率的增长率。

潜在产出法的全要素生产率增长率按照如下模型进行测算：

$$R_{TFP,t}=R_{y,t}-R_{TP,t}-\Delta CR_t-R_{yx,t} \quad (19)$$

其中，$R_{TFP,t}$ 为全要素生产率增长率，$R_{y,t}$ 为产出增长率，ΔCR_t 为能力实现率，$R_{yx,t}$ 为要素 x 投入增长带来的产出增长率。

能力实现率是现有生产能力的利用程度，通常用产出缺口来估量。产出缺口的估量方法很多，较为常用的是 HP 虑波，它是通过最小化偏差，将现实产出的自然对数 $\ln Y_t$ 分解为趋势成分（潜在产出的自然对数 $\ln Y_t^*$）和周期性成分（产出缺口 $\ln Y_t-\ln Y_t^*$），具体如下式：

$$\sum_{t=1}^{T}(\ln Y_t-\ln Y_t^*)^2+\lambda\sum_{t=2}^{T-1}[(\ln Y_{t+1}^*-\ln Y_t^*)-(\ln Y_t^*-\ln Y_{t-1}^*)]^2 \quad (20)$$

潜在产出法的优点在于全面考虑了技术进步和能力实现改善对全要素生产率增长的影响，缺点主要是它是建立在产出缺口估算基础上，而缺口估算往往存在误差，因此，会导致对全要素生产率增长率的估算偏差。

综上所述，每种计算方法均有各自的优缺点，考虑到数据的可得性以及测算的准确性，我们用索罗余值法和隐形变量法，系统测算石羊河流域的全要素生产率。

第三节　数据的整理

利用《中国统计年鉴》中公布的 GDP 减缩指数，将《金昌年鉴》、《武威统计年鉴》中的历年 GDP 总量进行平减，得到以 1980 年为基准的各年度实际 GDP 值，资本存量按照公式(16)计算，其中，折旧按照统计年鉴中公布的各年度数值取值，基年的 K_t 值按照永续盘存法进行估算，各年度实际投资也按照统计年鉴中公布的投资者价格指数进行了校正，具体结果见表 5-1 和表 5-2。

表 5-1　金昌市历年相关数据整理结果

年份	Y_t/L_t	K_t/L_t	$\ln(Y/L)$	$\ln(K/L)$
1981	0.106927	0.268641	−2.23561	−1.31438
1982	0.113171	0.29261	−2.17886	−1.22892
1983	0.129038	0.329034	−2.04765	−1.11159
1984	0.162199	0.380715	−1.81893	−0.9657
1985	0.188216	0.454396	−1.67017	−0.78879
1986	0.206181	0.511697	−1.579	−0.67002
1987	0.23269	0.56902	−1.45805	−0.56384
1988	0.304971	0.659371	−1.18754	−0.41647
1989	0.358226	0.75196	−1.02659	−0.28507
1990	0.428154	0.856166	−0.84827	−0.15529
1991	0.471892	1.036166	−0.751	0.035528
1992	0.513411	1.254496	−0.66668	0.226734
1993	0.620069	1.506702	−0.47792	0.409923
1994	0.737893	1.76848	−0.30396	0.57012
1995	0.860196	2.116108	−0.15059	0.749579
1996	1.00234	2.284838	0.002337	0.826295
1997	0.960151	2.496948	−0.04066	0.915069
1998	0.920327	2.715362	−0.08303	0.998925
1999	0.978082	2.9855	−0.02216	1.093767
2000	1.09784	3.292624	0.093345	1.191685
2001	1.254903	3.717105	0.227058	1.312945
2002	1.423614	4.213093	0.353198	1.438197
2003	1.708529	4.871326	0.535633	1.583366
2004	2.65722	5.729908	0.97728	1.745699
2005	3.334598	6.84156	1.204352	1.923016

注：*GDP*、*I* 和 *K* 的单位为亿元，*L* 的为万人。

表 5-2　武威市历年相关数据整理结果

年份	Y_t/L_t	K_t/L_t	$\ln(Y_t/L_t)$	$\ln(Y_t/L_t)$
2000	0.63569	0.837499	-0.45304	-0.17734
2001	0.692181	1.118597	-0.36791	0.112076
2002	0.75736	1.423994	-0.27792	0.353466
2003	0.845745	1.76363	-0.16754	0.567374
2004	1.002376	2.189219	0.002373	0.783545
2005	1.293985	2.667753	0.257727	0.981237
2006	1.444978	3.264489	0.368094	1.183103
2007	1.670371	4.039595	0.513046	1.396145
2008	1.862877	4.952392	0.622122	1.599871

数据来源：1998—2009 年《金昌年鉴》、《武威统计年鉴》、“甘肃经济网”等。

第四节　计算结果

由于数据的可得性，在此用索洛余值法对金昌市和武威市的全要素生产率进行了计算，结果如下。

一、资本和劳动力产出弹性估计

(一)金昌市的资本和劳动力产出弹性

利用表 5-1 中的数据，代入公式(15)，运行 E-VIEW6.0，可以得到如下金昌市的人均资本产出的对数回归方程：

$$\ln(Y_t/L_t)=-0.8971+0.9672\ln(K_t/L_t) \qquad (21)$$

表 5-3　金昌市资本产出弹性估算相关数据及检验结果

Dependent Variable: Y				
Method: Least Squares				
Date: 01/25/11　Time: 13:10				
Sample: 1981 2005				
Included observations: 25				
Variable	Coefficient	Std. Error	t-Statistic	Prob.
C	-0.897117	0.025690	-34.92056	0.0000
K	0.967247	0.025018	38.66143	0.0000
R-squared	0.984846	Mean dependent var		-0.606139
Adjusted R-squared	0.984187	S.D. dependent var		0.976652
S.E. of regression	0.122815	Akaike info criterion		-1.279656
Sum squared resid	0.346921	Schwarz criterion		-1.182146
Log likelihood	17.99570	Hannan-Quinn criter.		-1.252610
F-statistic	1494.706	Durbin-Watson stat		0.503314
Prob(F-statistic)	0.000000			

由表 5-3 的数据可以看出，回归结果显著，并通过了自相关检验，得到资本和劳动力的产出弹性 α=0.9672，β=0.0328。其中资本弹性远高于国内同期数值 0.6921(郭庆旺，贾俊雪，2005)，我们认为，这与金昌市以大型资本密集型产业为主的产业结构有关，在这种产业结构中，主要的生产过程依靠机械化完成，劳动力只是起辅助作用，因此产出主要取决于资本的投入规模和技术进步因素。

利用 E-VIEW，对金昌市资本产出弹性估计的实际值、拟合值和残差的状况进行了比较，如图 5-1。

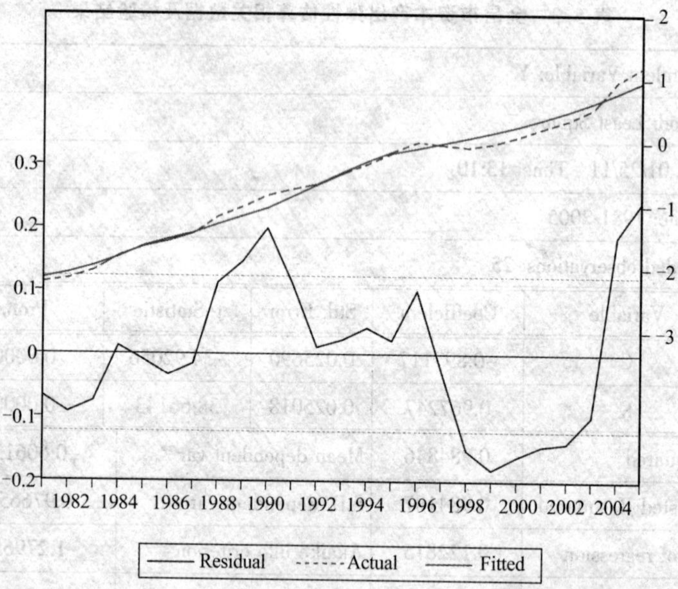

图 5-1　金昌市资本弹性估计的实际值、拟合值和残差图

由图 5-1 可以看出，总体上实际值与拟合值较为接近，其残差范围为-1～1，说明模型对资本产出的弹性估计是可靠的。但在不同的阶段，残差的范围明显不同，特别是 1997—2004 年，残差的范围有扩大的趋势。

（二）武威市的资本和劳动力产出弹性

利用表 5-2 中的数据，可以得到如表 5-4 的计算结果，可以得到如下武威市资本产出弹性的回归方程：

$$\ln(Y_t/L_t)=-0.443+0.6594\ln(K_t/L_t) \qquad (22)$$

同理，也可以得到武威市资本和劳动的产出弹性 A 和 β 的值分别为 0.6594 和 0.3406，其中，资本弹性的值与我国的平均值接近，这说明武威市的总体产业结构、经济发展阶段等和我国的总体状况是一致的。为评价模型的可靠程度，进行了相关的检验，结果如表 5-4。

表 5-4　武威市资本产出弹性估算相关数据及检验结果

Dependent Variable: Y

Method: Least Squares

Date: 01/31/11　Time: 09:48

Sample: 2000 2008

Included observations: 9

Variable	Coefficient	Std. Error	t-Statistic	Prob.
C	-0.442974	0.040104	-11.04555	0.0000
K	0.659421	0.042601	15.47918	0.0000

R-squared	0.971615	Mean dependent var	0.055217
Adjusted R-squared	0.967559	S.D. dependent var	0.398536
S.E. of regression	0.071781	Akaike info criterion	-2.237256
Sum squared resid	0.036068	Schwarz criterion	-2.193428
Log likelihood	12.06765	Hannan-Quinn criter.	-2.331836
F-statistic	239.6049	Durbin-Watson stat	0.955118
Prob(F-statistic)	0.000001		

由表 5-4 的数据可以看出，回归结果显著，并通过了自相关检验和其他的检验，说明模型能够较好地反映资本和劳动力的产出弹性。

进一步利用 E-VIEW，对武威市资本产出弹性估计的实际值、拟合值和残差的状况进行了比较，如图 5-2。

由图 5-2 可以看出，武威市的资本产出弹性的实际值和拟合值的残差范围很小，总体范围为 0.8～-0.9，多数年份的为 0.5～-0.5。这说明这些年武威市资本产出弹性没有发生大的变化，从另一个角度看，也说明武威市的产业结构没有发生大的变迁。

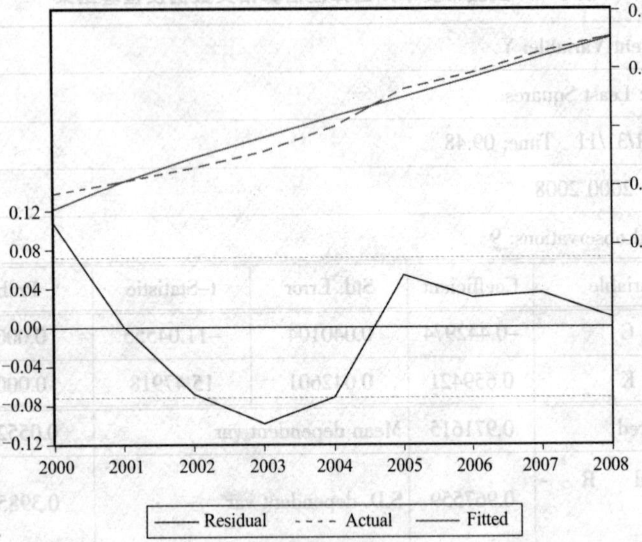

图 5-2　武威市资本产出弹性估计的实际值、拟合值和残差图

二、全要素生产率

(一)金昌市的全要素生产率

根据表 5-1 中的数据，用公式(13)可以算出全要素生产率和全要素生产率增长率，结果见表 5-5。

表 5-5　近些年金昌市全要素生产率

年份	ln*A*	*A*	年份	ln*A*	*A*
1981	–0.66225	0.515692	1988	–0.28483	0.752144
1982	–0.64297	0.525728	1989	–0.23678	0.789165
1983	–0.58708	0.55595	1990	–0.17167	0.842256
1984	–0.46968	0.6252	1991	–0.26422	0.767805
1985	–0.47154	0.62404	1992	–0.36901	0.69142
1986	–0.46893	0.625669	1993	–0.35877	0.698532
1987	–0.42544	0.653481	1994	–0.33526	0.715152

续表 5-5

年份	lnA	A	年份	lnA	A
1995	–0.35658	0.700065	2001	–0.43722	0.645828
1996	–0.25217	0.777109	2002	–0.4335	0.648233
1997	–0.36166	0.696522	2003	–0.39949	0.670665
1998	–0.46645	0.627224	2004	–0.12703	0.880711
1999	–0.48459	0.615948	2005	–0.08579	0.917783
2000	–0.45382	0.635197			

表 5–5 中,ln*A* 为全要素生产率的自然对数,*A* 为全要素生产率。自 20 世纪 80 年代以来,全要素生产率 *A* 的数值的总体趋势是不断增加的，但在不同年份的变化幅度较大，范围为 0.51～0.91。为进一步看出全要素生产率的变化趋势,引入全要素生产率增长率,通过计算其年度增长率,清晰地描述全要素生产率的动态趋势。

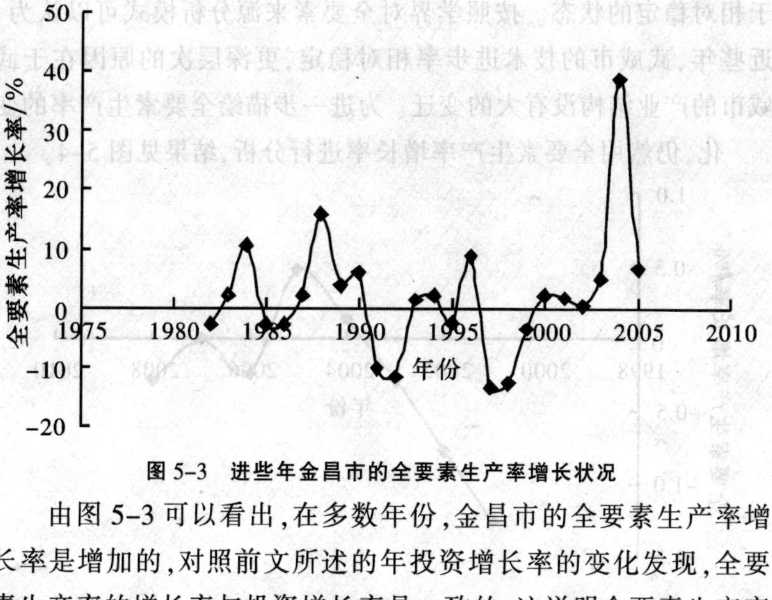

图 5–3　进些年金昌市的全要素生产率增长状况

由图 5–3 可以看出,在多数年份,金昌市的全要素生产率增长率是增加的,对照前文所述的年投资增长率的变化发现,全要素生产率的增长率与投资增长率是一致的,这说明全要素生产率的增长主要来源于投资中新设备、新工艺带来的技术进步。

(二)武威市的全要素生产率

根据表5-2中的数据,用公式(13)可以算出全要素生产率和全要素生产率增长率,结果见表5-6。

表5-6 近些年武威市全要素生产率

年份	lnA	A	年份	lnA	A
2000	-0.33611	0.714545	2005	-0.3893	0.677531
2001	-0.44181	0.642871	2006	-0.41204	0.662295
2002	-0.51099	0.5999	2007	-0.40757	0.665264
2003	-0.54166	0.58178	2008	-0.43283	0.648669
2004	-0.5143	0.597921			

由表5-6可以看出,近些年武威市的全要素生产率的范围为0.59～0.71,并且波动不大,说明近些年武威市的全要素生产率处于相对稳定的状态。按照学界对全要素来源分析模式可以认为,近些年,武威市的技术进步率相对稳定,更深层次的原因在于武威市的产业结构没有大的变迁。为进一步描绘全要素生产率的变化,仍然用全要素生产率增长率进行分析,结果见图5-4。

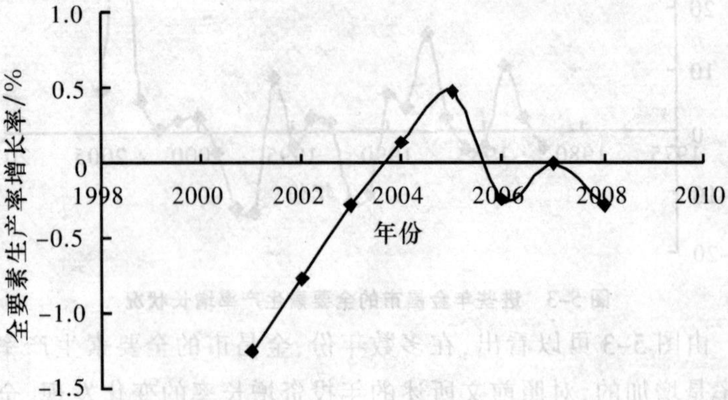

图5-4 近些年全要素生产率增长状况

由图 5-4 可以看出，武威市多数年份的全要素生产率的年增长率在-0.5～0.5。其中，2001—2005 年，处于较快的增长阶段，随后趋于稳定。其原因可能是在 2005 年以前，武威市的投资增长幅度比较大，投资的增长带来技术的进步，带动全要素生产率增长率增加。2005 年以后，尽管投资持续增长，但由于产业结构没有重大的变化，投资的领域集中于基础设施等领域，这类投资的长期结果会由于正外部性而引致全要素生产率提高，但在短期内这种效果则不会显现。

第五节　研究结论

由前面的计算结果，可以初步得出以下研究结论。

一、两市的全要素生产率增长率

金昌市的全要素生产率及全要素生产率的增长率高于全国的平均水平，武威市的与全国平均水平持平。也就是说，金昌市的全要素生产率在经济中的贡献要大于武威市的。两地全要素生产率状况与该两地的产业结构是一致的，既金昌市的工业产业占主导地位，而武威市则以第一和第三产业为主。

二、全要素生产率的主要源泉

两市的全要素生产率的来源主要是投资，即随着投资水平的增加，凝结在机器设备和生产工艺中的技术因素，也即技术进步是两地全要素生产率的主要来源。

三、两市提高全要素生产率的途径不同

提高全要素生产率的途径除增加投资外，金昌市和武威市今

后的侧重点有所不同。就武威市来说,利用资本边际收益尚处于上升阶段的条件,注重设法增加工业产业的比重,通过新技术、新工艺,大幅度提高全要素生产率。金昌市则应该在考虑资本边际收益递减的条件下,通过提升管理水平和人力资本的开发来增加全要素生产率。

四、基础设施的投资对全要素生产率的增长具有滞后效应

即从长期来看,基础设施投资通过正外部性而引致全要素生产率提升,但在短期则不明显。考虑到可持续发展战略及经济各产业资本边际收益递减规律的影响,对基础设施的投资具有重要的意义。

参考文献

[1]崔传斌.全要素生产率国外研究文献综述[J].未来与发展,2010(11):99-102.

[2]乔根森 D W.生产率(第一卷)——战后美国经济增长[M].北京:中国发展出版社,2001.

[3]曹吉云.我国总量生产函数与技术进步贡献率[J].数量经济技术经济研究,2007(11):111-112.

[4]郭庆旺,贾俊雪.中国全要素生产率的估算:1979—2046[J].经济研究,2005(5):77-78.

[5]何枫,陈荣,何林.我国资本存量的估算及其相关分析[J].经济学家,2003(5):22-24.

[6]孙琳琳,任若恩.中国资本投入和全要素生产率的估算[J].世界经济,2005(12):82-85.

[7]王小鲁,樊纲.中国经济增长的可持续性——跨世纪的回顾与展望[M].北京:经济科学出版社,2000.

[8]郑京海,胡鞍钢.中国改革时期省际生产率增长变化的实证分析(1979—2001年)[J].经济学家,2005(2):10-12.

[9]郑京海,胡鞍钢,Arne B.中国的经济增长能否持续?——一个生产率视角[J].经济学家,2008(3):8-11.

[10]郑玉歆.全要素生产率的测度及经济增长方式的阶段性规律——由东亚经济增长方式的争论谈起 [J]. 经济研究,1999(5):77-78.

[11]郑玉歆.全要素生产率的再认识——用TFP分析经济增长质量存在的若干局限[J].数量经济技术经济研究,2007(9):95-97.

[12]郑玉歆,许波.经济增长研究中的资本度量[J].数量经济技术经济研究,1992(7):90-93.

[13]张军.资本形成,工业化与经济增长:中国的转轨特征[J].经济研究,2002(6):21-24.

[14]张军,施少华.中国经济全要素生产率变动:1952—1998[J].世界经济文汇,2003(2):28-29.

[15] 张军，吴桂英，张吉鹏. 中国省际物质资本存量估算:1952—2006[J].经济研究,2004(10):140-142.

[16]张军,章元.对中国资本存量K的再估计[J].经济研究,2003(7):6-8.

[17]Barro R,Jland X S. Economic Growth[M].2nd Edition.Cambridge,Massachusetts: MIT Press,2004.

[18]Holz C A. New Capital Estimates for China [J].China Economic Review,2006,17:142-185.

[19]Krugman P. The Myth of Asia's Miracle [J].Foreign Affairs, 1994,73(6):62-781.

[20]Young A. The Tyranny of Numbers:Confronting the Statisti-

cal Realities of the East Asian Growth Experience [J].Quarterly Journal of Economics,1995,110(3),641-6801.

[21]Solow R M.Technical Change and the Aggregate Production Function[J].Review of Economics and Statistics,1957(3):312-320.

[22]Danison E F.Why growth rates differ:postwar experience in nine western countries[M].Washington, D.C.: Brookings Institution, 1967.

[23]Jorgenson D W, Zvi G. The explanation of productivity change[J].Review of Economic Studies,1967,34:249-283.

[24]Aigner D J, Lovell C A, Schmidt K P. Formulation and Estimation of Stochastic Frontier Production Function Models[J]. Journal of Econometrics,1977(6):21-37.

[25]Battese G E,Coelli T J.A Model for Technical Inefficiency Effects in a Stochastic Frontier Production Function for Panel Data [J].Empirical Economics,1995(2):32-35.

[26]Murakami N D,Liu K O. Market Reform, Division of Laborand Increasing Advantage of Small Scale Enterprises: The Case of Machine Tool In dustry in China [J]. Journal of Comparative Economics, 1996(23):28-41.

[27]Charnes A,Cooper W W,Rhodes E.Measuring the Efficiency of Decision Making Units [J].European Journal of Operational Research,1978,2(6): 429-444.

[28]Subal C K. A Reexamination of Returns to Scale, Density and Technical Progress in U. S. Airlines [J].Southern Economic Journal,1990, 57(2): 428-442.

第六章　石羊河出山口50年来径流变迁及趋势

石羊河自东向西由大靖河、古浪河、黄羊河、杂木河、金塔河、西营河、东大河、西大河8条支流汇集而成，各支流均发源于祁连山的冷龙岭及周围地区，流经金昌市、武威市两市，消失于民勤县和阿拉善右旗。从源头到尾闾大体可划分为两种性质不同的径流区，即径流形成区和径流散失区。南部的祁连山区为径流形成区，这里主要受太平洋和印度洋东南暖湿气流的影响，降水较丰沛，为400～700 mm，如冷龙岭主峰年降水量高达800 mm，年径流深为100～500 mm，由于低温高寒，降水的一部分以冰和雪的固体形式被储藏起来，成为天然的固体水库。河流的水量随流域的增大而增大，一般在出山口处达到最大值。辽阔的祁连山前洪积冲积平原则为径流散失区，这里是本流域水土资源开发和绿洲农业的主要地区，但降水量急剧减少，如武威市仅161 mm，年蒸发量1500～2500 mm，年径流深只有5 mm。北山山地为干旱荒漠气候，年平均气温8～10 ℃，多年平均降水量30～100 mm，干旱指数大于30；民勤县北部接近腾格里沙漠边缘地带年降水量50 mm，年蒸发量2000～2600 mm，干旱指数15～25（蓝永超，康尔泗等，2001）。由于气候和水文地质条件均不利于地表径流的形成，河流进入这里后，水量不但得不到补充，反而由于蒸发、渗漏和沿途引用，随着流程的增加而急剧较少。在尾闾区，降水更加稀少，干旱指数增加，地表径流消失。

祁连山各河流出山口径流季节变化的一般规律是：冬末春初，由于河流部分封冻，仅靠地下水补给，最小流量多发生在1—2月，进入3月以后，气温渐升，由于融雪和解冻形成春汛，流量显著增大。夏秋两季是河川径流量最多的时期。这主要是受夏季季风影响形成大面积的降水和暴雨所致。10月以后，气温迅速下降，山区降水减少，且多呈固态，受其影响，径流不断减少，直至次年3月为河流枯水期。因此，径流的年内分配与山区降水过程基本一致(蓝永超，丁永建等，2003)。

根据已有的少量研究成果(张晓伟等，2008)以及对毗邻石羊河的黑河和疏勒河径流趋势研究结论（蓝永超等，2003；丁永建等，1999)，在全球气温上升的大背景下可以初步判断，石羊河祁连山出山口未来的径流有下降的趋势。但其变化趋势究竟如何，尚需要深入研究。作为该流域最重要的水资源来源地，其出山口的径流变化趋势是武威市、金昌市两市及下游的内蒙古阿拉善右旗等地未来的产业布局、发展模式、人口规模等关键问题的决策依据，也是本课题后续所要进行的石羊河流域水资源承载力及水资源优化配置的基础性工作。因此，利用过去的历史资料，采用合理的方法，准确预测未来该流域水资源的变化，具有重要的意义。

第一节 国内外研究综述

一、取得的研究成果

截至目前，国内研究石羊河流域未来水变迁的成果不多，其中，张晓伟等(2008)应用Kandell秩次相关检验、R/S分析、小波分析等多种方法对出山口径流的演变特征进行了分析，得出的主要结论为:(1) 石羊河流域径流补给来源以高山冰雪融水和降水为主，出山口河川径流集中期均出现在7月上旬，年径流 *Cv* 值为0.16～0.27(除古浪河0.38,大靖河0.472),数值相对较小,年际变化不大;(2)经 Kendall 秩次相关检验,除大靖河外,其余7条出山口径流,年径流均存在下降趋势,其中水量较大的西营河、东大河、杂木河与古浪河下降趋势显著,通过 R/S 分析法,出山口年径流 Hurst 指数 H 均大于0.5,表明河川径流具有长持续性,未来流域出山口径流来水以偏枯为主;(3) 用小波分析对流域出山口年径流的多时间尺度进行了分析,研究表明石羊河流域出山口年径流具有多时间尺度周期变化,分析表明2006年、2008年、2010年左右流域出山口河川径流将处于偏枯阶段。蓝永超等(2000,2001)用灰色关联分析法,提出受山区流域气温升高和降水减少的影响,河西祁连山东部地区出山口径流呈明显的下降趋势,并且未来一定时期内以偏枯为主。

关于影响出山口径流的主要因子,学界的共同看法是:山区流域冰川、积雪、冻土等特殊水文要素以及降水和气温等均有影响。其中,丁永建等(1999,2000)采用多元线性回归月径流模型,对回归系数进行了适当处理,分别得到标准化系数矩阵和径流因子矩阵,通过矩阵元素的方向和大小来判断各参变量对径流的影响程度,得出的主要结论为:(1)从11月起,月径流明显受前月径流的影响,这种基流与月径流的密切关系,表明随着降水量的明显减少,径流的补给主要依赖于夏季贮存于土壤和近地表中地下水的释放。这种状况在山区内部要持续到3月,而出山口站则要到5月,也就是说,祁连山内陆山区流域有5～7个月的时间径流主要依靠地下水补给。(2)6—9月,随着降水量的增加,降水的影响明显增强,并取代地下水成为影响月径流变化的主要因素。(3)与出山口站相比,山区内部影响因子有其特殊性。表现在降水的影响出现得更早,在5月就已占据主导地位;而在4月气温的影响十分突出，表明在山区内部,4月气温对径流的影响已超过基流,占据了主导地位。(4)气温对径流的影响始终处于不可忽视的地位。尤其是2—4月气温开始回升的季节,在不考虑基流的情况下,气温则成为主要影响因子,这很大程度上可能与冬季积雪的融化有关。在夏季尽管气温因子的大小大多处在第三、四的位置,但其对径流的影响却是显而易见的。尤其值得注意的是,5—7月径流与气温的关系呈现出有趣的现象,表现为当月径流与前一月气温呈现出反相关,而与当月气温为正相关。当气温较高时,降水固、液态比例将会减小,也就是当月能在地表存留的积雪减少,其对径流的影响就是增加当月径流,减弱下月径流。(5)9月径流与基流无关,而主要与8月和当月降水有关。其原因可能与下垫面水文特性的变化有关。经过6—8月雨季降水的集中补给,由于冻土活动层加深而造成的土壤含水量减少和地下水位下降已得到有效的补充,使得降水下渗损失减小,直接径流增大,因而降水的影响在9月达到了最显著的程度。(6)尽管存在着上述共性,但由于受流域自然特性,冰川、积雪和冻土分布及降水和气温差异的影响,各月径流影响因子及其影响程度在不同流域也存在某些差别。施雅风等(1995)根据气候对径流的影响,提出未来在全球气温上升的大背景下,季节性的积雪将趋于减少,冰川继续后退萎缩,以降水和季节性积雪融水为主要补给的河流,流量变化主要取决于降水量与陆面蒸发量的差值，对于未来具体的一个流域,则仍然难以确定。此外,蓝永超等(2001)、刘洪兰等(2010)、李林等(2006)对气候变迁对祁连山出山口径流的影响也进行了研究,得出的结论是:随着未来气温上升,位于西部的黑河和疏勒河出山口径流趋于上升，而东部石羊河出山口的径流则是下降的趋势。

二、常用的研究方法

考虑到影响径流的因素既有气象气候类的，也有下垫面方面的各种复杂因素，所以研究方法也多种多样。截至目前，国内在研究径流变迁方面形成的主要研究方法有以下几类。

(一)R/S 分析法

Hurst 指数是英国水利专家 H.E.Hurst 在 20 世纪中叶提出的一种判别时间序列是否对于时间有依赖的参数。他通过考察河流的泛滥期和枯水期发现，这种时期往往持续几年。这就不同于以往理论上认为每年水流量是独立同分布的高斯变量，也不同于传统的马氏链的假设。在经验的基础上，他采用了一个新的 Hurst 参数来分析这种时间序列的集群现象，并且提出了计算该参数的 R/S 方法。

一个具有 Hurst 统计特性的系统，不需要通常概率统计学的独立随机事件假设。它反映的是一长串相互联系事件的结果，今天发生的事将影响未来，过去的事也会影响现在，显然径流的一个基本特点是多年持续性，其历年的数据尽管多属于非线性的，但具有 Hurst 统计特性，因此可以采用 Hurst 指数方法来预测径流的变化。R/S 方法的基本原理如下：

考察时间序列 $X_{ti}, i=1,2,3,\cdots,n, \forall_j \in \{i|i=1,2,3,\cdots,n\}$，定义：

均值 $\langle X\rangle_{ti}\dfrac{1}{j}\sum_{i=1}^{n}X_{ti}$；

积累离差

$$a(t_i,t_j)=\sum_{k=1}^{i}(X_{tk}-\langle X\rangle_{tj})=t(\langle X\rangle_{ti}-\langle X\rangle_{tj}),i=1,2,3,\cdots,j;$$

极差 $R(t_j)=\max\limits_{1\leqslant i\leqslant j} a(t_i, t_j)-\min\limits_{1\leqslant i\leqslant j} a(t_i, t_j)$；

标准差 $S(t_j)=\sqrt{\dfrac{\sum\limits_{i=1}^{j}(X_{ti}-\langle X\rangle_{tj})}{t_j}}$

$=\sqrt{\dfrac{\sum\limits_{i=1}^{j}(X_{ti}^{2}-(2j-1)\langle X\rangle_{tj}^{2})}{t_j}}$；

Hurst 指数 H $\dfrac{R(t_j)}{S(t_j)}\propto t_j^{H}, j=1,2,\cdots,n$，

$\lg\dfrac{R(t_j)}{S(t_j)}=H\lg t_j+C$。

对于上式，可以用 OLS 法拟合求得 Hurst 指数 H。

对于标准布朗运动，$H=0.5$，当 H 不为 0.5 时，为分形布朗运动 $B_H(t)$，并且 $B_H(t)$ 服从分布 $N(\mu_t, \sigma_t^H)$。

时间序列的 Hurst 指数居于 0～1。以 0.5 为间隔，时间序列在不同的区间会表现不同的特性：

1.$H\in(0,0.05)$，Antipersistent 分形布朗运动

此时，时间序列的未来数据倾向于返回历史点，因此其发散的比标准布朗运动慢。可以证明，该序列在上会无数次的返回它的历史出发点。

2.$H=0.5$，标准布朗运动

此时，$B_H(t)$随机游走，表现出马氏链特性。

3.$H\in(0.5,1)$，长期 Persistence 和无周期的循环

此时，时间序列有混沌性。$B_H(t)$的增量会表现出长期增长的特性。因此，一定范围的记录会持续相当长的时期，从而形成一个个大的循环。但是这些循环没有固定的周期，难以依靠过去的数

据预测未来。

4.H=1,完全预测

此时，时间序列为一条直线。未来完全可以用现在进行预测。

(二)小波分析法

小波变换的概念是由法国从事石油信号处理的工程师J. Morlet在1974年首先提出的。小波变换是一种信号的时间—尺度(时间—频率)分析方法，用于研究不同尺度(周期)随时间的演变情况,具有多分辨率分析和对信号自适应性的特点。目前已经成功应用于信号处理、图像压缩、语音编码、模式识别以及许多非线性科学领域等，取得了大量的研究成果。由于水文要素的周期变换很复杂,时而以这种周期变化,时而又以另外一种周期变化,并且同一时段中又包含各种时间尺度的周期变化,表现出多时间尺度的特征。因此利用小波分析方法的伸缩和平移等运算功能对函数或信号序列进行多尺度细化分析,研究不同尺度（周期）随时间的演变情况,成为研究径流长期变化的一个十分重要的工具。

小波分析在水文序列分析的应用中主要涉及两个方面:一是多时间尺度分析,研究水文序列的变化趋势和周期等组成;二是将不同尺度下的小波系数和尺度系数按适当的方法进行处理,进行水文序列模拟和预测。在应用进行水文序列变化特性研究和水文序列模拟预测过程中，不同的研究选用的小波函数是不同的,同一水文序列,选用的小波函数不同,分析结果差异很大,对于具体的水文时间序列,影响其选择合理小波函数的因素未知,且究竟应如何选择相应合理的小波函数类型,目前还未有人做过系统的分析研究(桑燕芳等,2008)。小波变换原理如下:

对于满足一定条件的小波函数$\varphi(t)$,时间序列$f(t)\in L^2(R)$的小波变换为:

$$W_f(a,b)=\int_{-\infty}^{+\infty} f(t)\varphi^*_{ab}(t)\mathrm{d}t=\frac{1}{\sqrt{a}}f(t)\varphi^*\left(\frac{t-b}{a}\right)\mathrm{d}t$$

其中：$W_f(a,b)$为小波变换或称小波系数；$\varphi^*_{ab}(t)$为复共轭函数；尺度因子 $a>0$，反映了小波的周期长度；b 为时间因子，反映了在时间上的平移。

小波变化把原始信号$f(t)$转化到时间—频率平面上，可以把原始信号中看不见的信息在时频域上显示出来。通过小波分析，得到时间序列在任一时刻的频率特征及在时间—频率上的变化特征。对一个时间序列，可以用小波系数极值方法推导其中存在的周期与尺度 a 的关系。可以证明小波系数图上极值的大小与相应波动的振幅呈正比，而波动的能量又与振幅的平方呈正比，这就说明极值愈大，能量愈强，所代表的扰动也就愈强。

在利用小波变换技术进行信息诊断时，最重要的是末点趋势，而边界效应的影响又恰好是对末点的，所以要科学地进行小波信息诊断，就必须消除边界效应。为了消除边界效应，需要对资料进行延展。资料的延展方法很多，常见的方法有零边界法、对称延伸法、相似延伸法、趋零延伸边界法等。

（三）Kendall 非参数相关检验法

截至目前，Kendall 非参数相关检验法已经广泛用于水文气象资料的趋势成分，包括流量、降水、气温序列等。该方法之所以能够在此类领域得到广泛运用，原因在于，与参数统计检验法相比，非参数检验法更适应于非正态分布或经过删减的资料，而这些情况在时间序列分析中常常会遇到(周芬,2008)。该方法的原理如下：

对序列 $X_t(x_1,x_2,x_3,\cdots,x_n)$，先确定所有对偶值$(x_i,x_j,j>i)$中 x_i 与 x_j 的大小关系（设为 τ），趋势检验的统计量为：

$$U_{MK}=\frac{\tau}{[Var(\tau)]^{\frac{1}{2}}}。$$

$$其中,\tau=\sum_{i=1}^{ni1}\sum_{j=i+1}^{n}\operatorname{sgn}(x_j-x_i);\operatorname{sgn}(\theta)=\begin{cases}1 & if\quad \theta>0\\0 & if\quad \theta=0\\-1 & if\quad \theta<0\end{cases},$$

$$Var(\tau)=\frac{n(n-1)(2n+5)\sum_{i=1}^{n}t_i i(i-1)(2i+5)}{18}。$$

当 $n>10$ 时,U_{MK} 收敛于标准状态分布。原假设为该序列无趋势，在给定显著水平 α 下，在正态分布表中查得临界值 $U_{\alpha/2}$,当 $|U_{MK}|<U_{\alpha/2}$ 时,接受原假设,即趋势不显著;当 $|U_{MK}|>U_{\alpha/2}$ 时,拒绝原假设,即趋势显著。

(四)多元回归法

此类方法中，一般以山区流域冰川、积雪、冻土等特殊水文要素以及降水和气温为解释变量,分析各因子在各月对径流影响的主次程度,最终确定出影响径流的主要因子。典型的是丁永建等(1999)对黑河和疏勒河径流影响因子的分析。他们采用多元线性回归月径流模型,在对回归系数进行适当处理的基础上,分别得到标准化系数矩阵和径流因子矩阵,再通过矩阵元素的方向和大小来判断各参变量对径流的影响程度。

(五)其他方法

除上述研究方法外,目前还有一些从径流对气候响应角度研究径流趋势的,如李林等(2006),丁永建等(2000),蓝永超等(2000,2003),刘洪兰等(2010)。在这类研究中,通过对计算历年相关资料的变差系数、差积曲线、径流量峰型度与年丰枯率、不均匀系数、蒸发量、集中度与集中期等指标,以对未来气候转型条件

下的径流进行预测。其中,李林等(2006)对上述参数测算梳理和构建的模型具有重要的参考价值,具体如下:

1.变差系数 C_V

变差系数一般用矩阵法计算,公式如下:

$$C_V=\sigma_Q\sqrt{X}\ ;\ \sigma_Q=\sqrt{\sum_{i=1}^{n}(X_i-\bar{X})^2/(n-1)}\ 。$$

式中,X_i 为第 i 年的径流量或降水量,$\bar{X}$为均值,n 为样本数。

2.差积曲线

为了消除年径流量、降水量单位和量纲的差异以及 C_V 值的影响,他们对径流进行了标准化处理。

即:$(K-1)/C_V$,其中,K 由 Q_i/Q 或 R_i/R 求得,差积曲线的纵坐标为$(K-1)/C_V$,以显现径流的阶段性变化趋势。

3.径流量峰型度与年丰枯率

在研究径流量年内分配时,采用峰型度值 α 和丰枯率值 β 进行分析。其中:

$\alpha=Q_{4\text{-}6}/Q_{7\text{-}9}$。

式中,$Q_{4\text{-}6}$ 为每年 4—6 月径流总量,$Q_{7\text{-}9}$ 为每年 7—9 月径流总量。α 实质上反映了河流径流总量中季节积雪融水与高山冰雪融水加上雨水量的比值。

$\beta=Q_{4\text{-}9}/Q_{10\text{-}3}$。

式中,$Q_{4\text{-}9}$ 为每年 4—9 月径流总量,$Q_{10\text{-}3}$ 为每年 10 月至翌年 3 月径流总量。β 值事实上是汛期与非汛期间径流总量的比值, 也是地下水补给量占年径流量比重大小的一种指标。

4.不均匀系数

径流年内分配不均匀系数最早为河川径流年内分配的定量指标, 表示为:

$$C_i=\frac{\sum_{m=1}^{M} Q_m-MQ_0}{12Q_0}。$$

式中，Q_m为大于年平均流量的月平均流量，M为月平均流量超过年平均流量的月数，Q_n为年平均流量。

5.集中度与集中期

集中度与流量的补给来源关系密切，而集中期则反映了最多水出现的月份。

$$C_n=\frac{R}{W},R=\sqrt{R_x^{\ 2}-R_y^{\ 2}}=\sqrt{(\sum_{i=1}^{12} r_i\sin\theta_i)^2-(\sum_{i=1}^{12} r_i\cos\theta_i)^2},$$

$$W=\sum_{i=1}^{12} r_i,D=\tan^{-1}(\frac{R_x}{R_y})。$$

其中，C_n为集中度，D为集中期，R为12个月流量的合成量，W为12个月流量的合计值，R_x和R_y为R在水平和垂直方向上的分量，r_i为月流量，θ_i为各月所代表的方向。

6.蒸发量

气候转型的一个重要体现就是蒸发量的变化。蒸发量的计算一般采用高桥浩一郎蒸发公式：

$$E=\frac{3100R}{3100+1.8R^2\exp(-\frac{34.4T}{235.0+T})}。$$

式中，E为月蒸发量，R为月降水量，T为月平均气温。

以上各种研究方法各具特色，也各具不足。如R/S法、小波分析法等没有考虑下垫面的情况，而多元回归却没有充分考虑气候因子等等。因此，本研究采用目前正在广泛运用于组合优化、机器学习、信号处理、自适应控制和人工生命等领域的新算法——遗传算法，借鉴专家们对毗邻石羊河的黑河和疏勒河流域大量研究所取得成果：影响出山口径流变化的主要原因是气温和降水，且与此二因素呈显著的正相关的结论，也将祁连山石羊河流域的气温和降水作为影响径流的关键变量，通过对过去几十年实测数据的处理，形成一些新的模型，进而通过对模型参数的分析，弄清石羊河出山口径流的影响因素、探索各因素的作用机理、预测未来出山口径流的变化趋势。

第二节 资料与研究方法

本研究的资料以武威市水务局提供的1956—2008年石羊河水系的大靖河、古浪河、黄羊河、杂木河、金塔河、西营河、东大河、西大河8条支流年度实测来水量为基本径流量数据，气温和降水历史数据采用甘肃省气象局提供的天祝县、武威市、永昌3站的资料。其中，天祝县站由于其地理位置更靠近祁连山区，气温和降水接近石羊河径流形成的主要区域，我们将其作为分析影响出山口径流变化影响因素的重点进行分析。

在本研究中，尝试用遗传算法(Genetic Algorithm，简称GA)，利用已有的历史记录数据，通过函数优化和组合优化，用1stOpt (First Optimization)软件自动拟合，获得最满意的气温变化、降水变化以及径流与气温和降水关系的模型，再以这些模型为依据，对未来气温、降水以及径流的变化进行预测。

遗传算法(GA)是一类借鉴生物界的进化规律演化而来的随机化搜索方法。它是由美国的J. Holland教授1975年首先提出，其主要特点是直接对结构对象进行操作，不存在求导和函数连续性的限定；具有内在的隐并行性和更好的全局寻优能力；采用概率化的寻优方法，能自动获取和指导优化的搜索空间，自适应地调整搜索方向,不需要确定的规则。

遗传算法的过程如图 6-1。

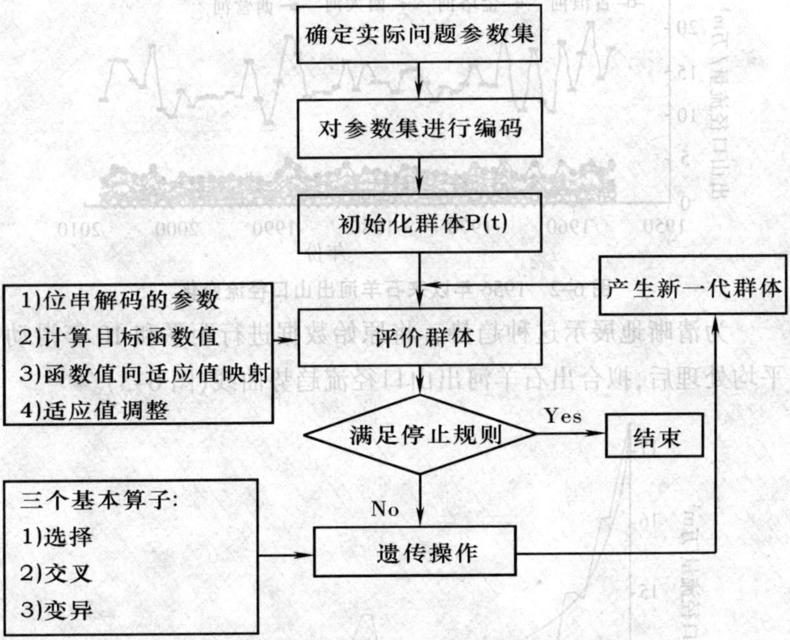

图 6-1　遗传算法的过程

第三节　计算结果

一、出山口径流的变迁

1956—2009 年，石羊河出山口径流具有较明显的 10 年左右的丰枯交替规律(见图 6-2),其中 1956—1965 年是相对丰水期,1975—1985 年为相对枯水期,1986—1994 年为相对丰水期,1995—2004 年又进入枯水期,2004 年以来,再次出现丰水期。但其径流总体上是下降的趋势。

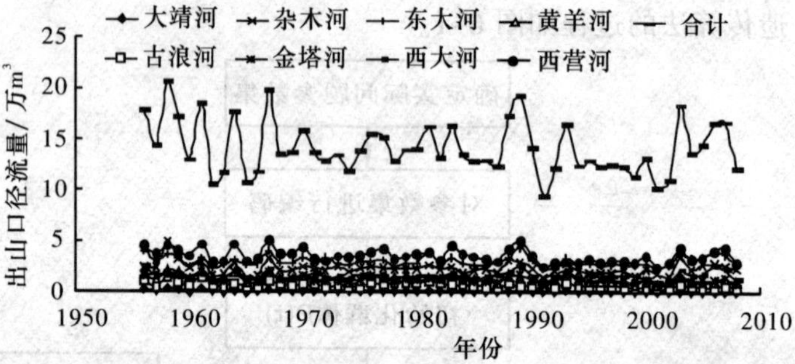

图 6-2　1956 年以来石羊河出山口径流变化

为清晰地展示这种趋势，将原始数据进行距平和 10 年滑动平均处理后，拟合出石羊河出山口径流趋势曲线（图 6-3）。

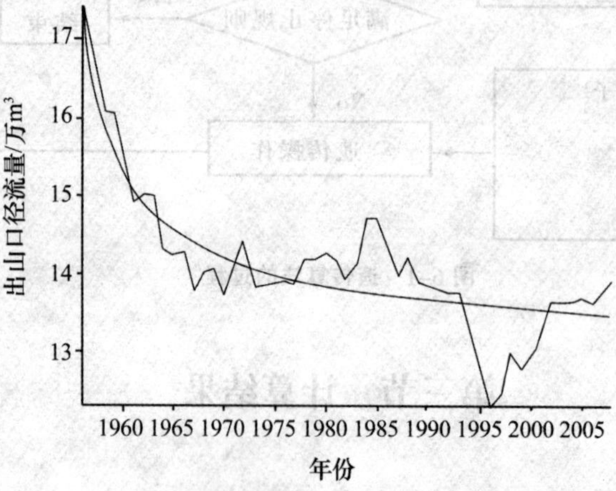

图 6-3　1956 年以来石羊河出山口径流变迁趋势

由图 6-3 可以清晰地看出，尽管出山口的径流有 10 年左右的小周期，但自 20 世纪 50 年代以来，总体趋势是下降的，特别是 60—70 年代，较 50 年代下降的幅度更大。

为量化石羊河出山口径流变迁的规律，用 1stOpt 软件拟合出如下模型：

$$W=(-1950.964+x)/(-72.972) \tag{1}$$

$R^2=0.771$, RMSE=0.447, SSE=10.574

其中,W为径流量,x为时间因子。根据此模型,可以看出,随着时间因子x的延伸,径流量W会下降,这预示着石羊河出山口径流在未来一定时期内仍呈现下降的趋势。这和丁永建(2003)、张晓伟(2008)、蓝永超等(1999,2000)的研究结论是一致的。

二、气温变迁

考虑到流域的整体性,对石羊河流域主要气象站的历史记录进行分析,以期发现过去气温变迁规律,并以此对未来的气温进行一定的预测。根据1951年以来天祝县、武威市和永昌三站的气象记录,可以发现三个基本特征:一是三站的气温均在上升,这和全球气温上升的研究结论是一致的;二是三站具有相同的周期性变化规律,即50年代气温下降,60年代上升,70年代的回落,80年代上升,特别是1990年以来,上升幅度明显加快(见图6-4)。三是高海拔的山区尽管温度上升的绝对值低于低海拔地区,但其相对值要高很多。

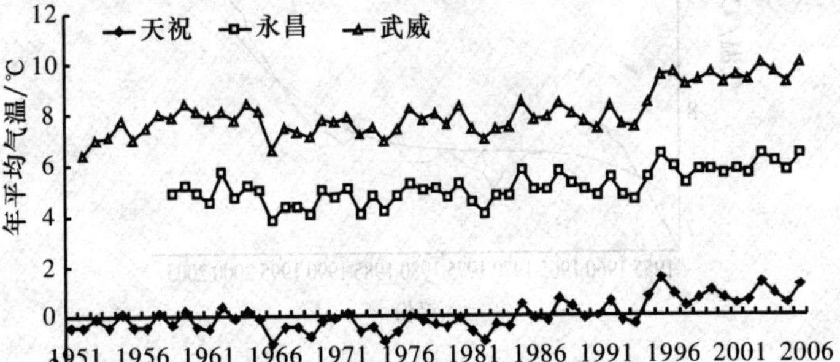

图6-4　1951年以来三站年平均气温图

为直观地展示三站温度变迁,对原始数据经过距平和10年滑动平均后，拟合出三站1951年以来气温变迁曲线（图6–5、图6–6、图6–7）。

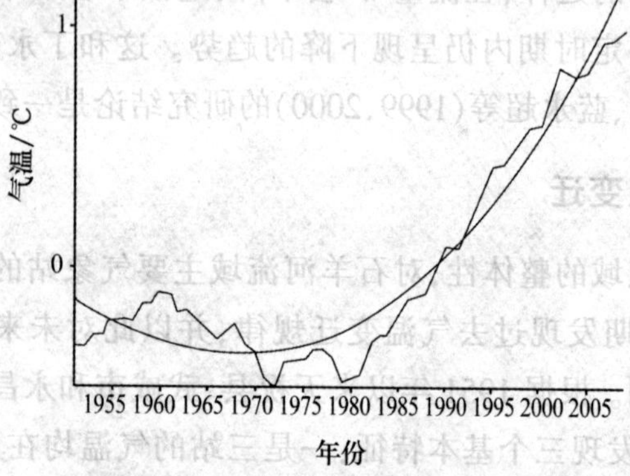

图6–5　1951年以来天祝县站气温变化趋势

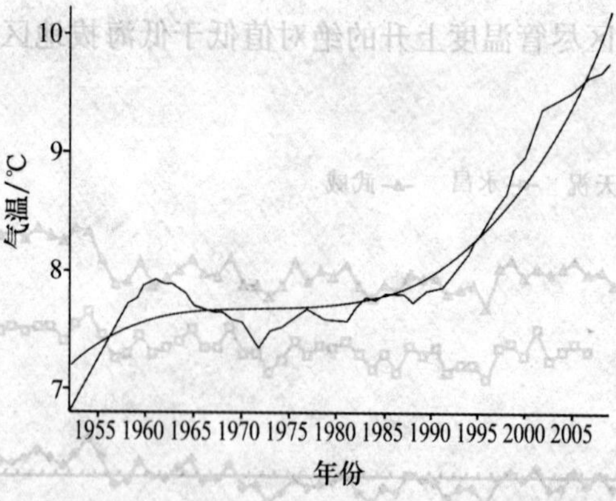

图6–6　1951年以来武威市站气温变化趋势

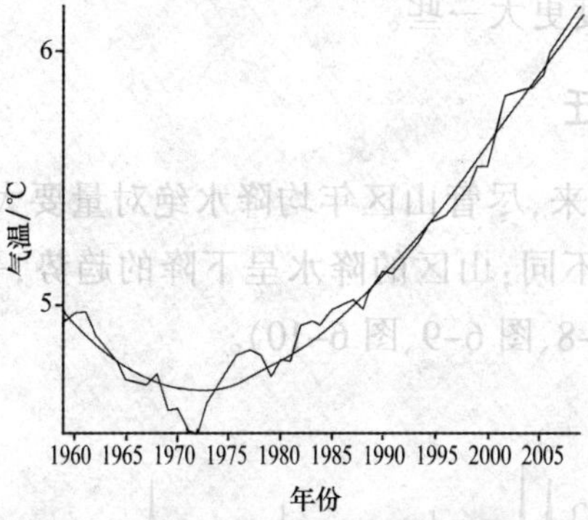

图 6-7　1956 年以来永昌站气温变化趋势

为了量化三站气温变迁的规律，根据天祝县、武威市和永昌三站 1951 年以来的历史数据，用 1stOpt 软件拟合出如下气温变迁模型。

$$T_1=-226515.356-357.794x_1+2.736x_1^{1.5}+15595.347x_1^{0.5}-78.405/x_1^2 \quad (2)$$

$R^2=0.937, RMSE=0.114, SSE=0.7634$

$$T_2=2344088.619-820.391x_2+0.1260x_2^2-50439215.663x_2^{0.5}-20912790.44\ln(x_2)/x_2 \quad (3)$$

$R^2=0.938, RMSE=0.525, SSE=15.988$

$$T_3=2141877.304+349.409x_3-0.043x_3^2-350850.43\ln(x_3)+23399.56/x_3 \quad (4)$$

$R^2=0.982, RMSE=0.062, SSE=0.196$

其中 T_1 为天祝县气温，x_1 为天祝县气温的时间因子，T_2 为武威市气温，x_2 为武威市气温的时间因子，T_3 为永昌气温，x_3 为永昌气温时间因子。

根据以上三个模型，可以很直观地发现：近 20 多年来，三站的气温呈现抛物线形的上升趋势，根据抛物线的性质可以推断，三站未来的气温将会进一步上升，且祁连山区的气温上升的幅度要比平原区的幅度更大一些。

三、降水变迁

自 1951 年以来，尽管山区年均降水绝对量要大于平原区，但二者的趋势明显不同：山区的降水呈下降的趋势，平原区则呈上升的趋势（见图 6-8、图 6-9、图 6-10）。

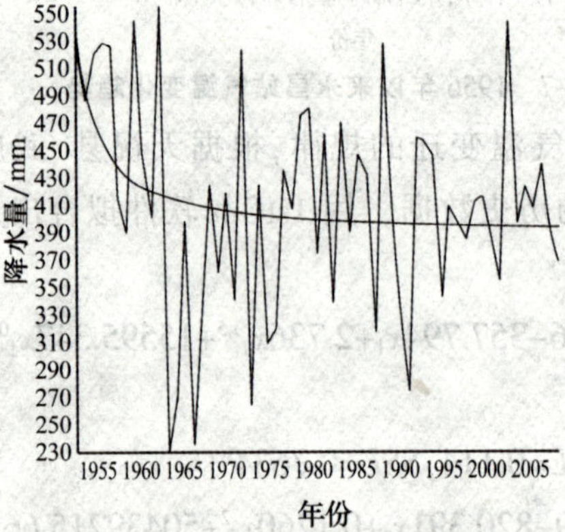

图 6-8 1956 年以来天祝县站降水变迁

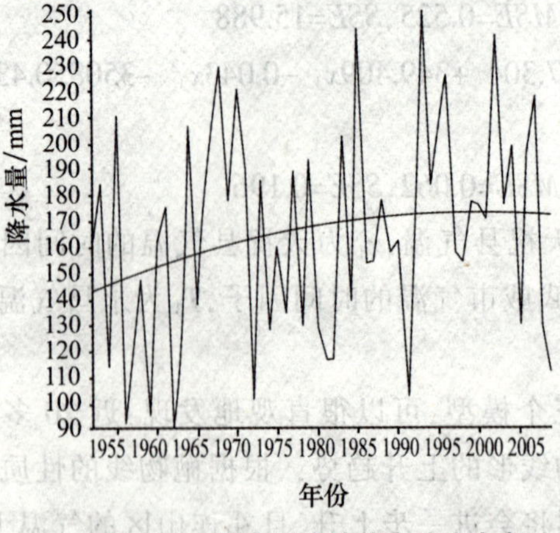

图 6-9 1956 年以来武威市站降水变迁

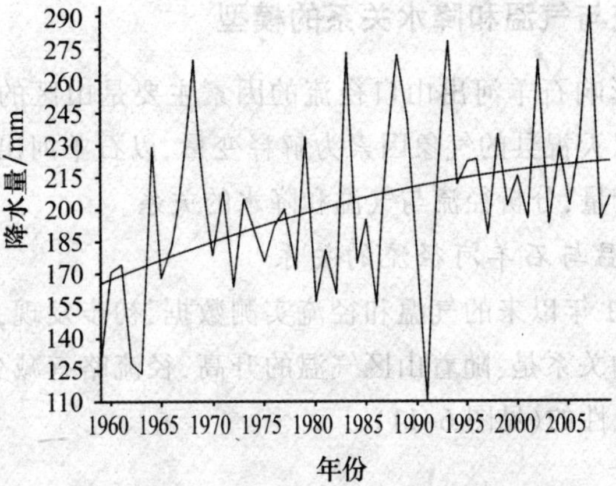

图 6-10 1956 年以来永昌站降水变迁

为量化三站降水变迁规律，用 1stOpt 软件拟合出如下气温变迁模型。

$$W_1=5284.313\cos(0.013x)-8076.367\cos(0.026x_1)+3209.247\cos(0.039x_1) \quad (5)$$

$R^2=0.805, RMSE=15.558, SSE=14280.765$

$$W_2=5254534.613-6657.404x_2+0.122x_2^{2.5}-0.002x_2^3+9860.974/x_2 \quad (6)$$

$R^2=0.383, RMSE=11.486, SSE=7652.219$

$$W_3=(-71.679-1554.901x_3^{0.5}+35.311x_3)/(1-22.436x_3^{0.5}+0.866x_3-0.008x_3^{1.5}) \quad (7)$$

$R^2=0.799, RMSE=7.157, SSE=2612.228$

其中，W_1、W_2、W_3 分别为天祝县、武威市和永昌的降水量，x_1、x_2、x_3 分别为天祝县、武威市和永昌县的降水时间因子。

由以上模型可以判断出在未来一定时期内，平原区降水将趋向增加，而山区则相对下降。

四、径流与气温和降水关系的模型

考虑到影响石羊河出山口径流的因素主要是山区的气温和降水，因此，以天祝县的气象因素为解释变量，以石羊河出山口径流为被解释变量，分析径流与气温和降水的关系。

(一)气温与石羊河径流的关系

根据1951年以来的气温和径流实测数据，初步发现，总体上径流与气温的关系是：随着山区气温的升高，径流略有减少，但这种减少是非线性的(见图6-11)。

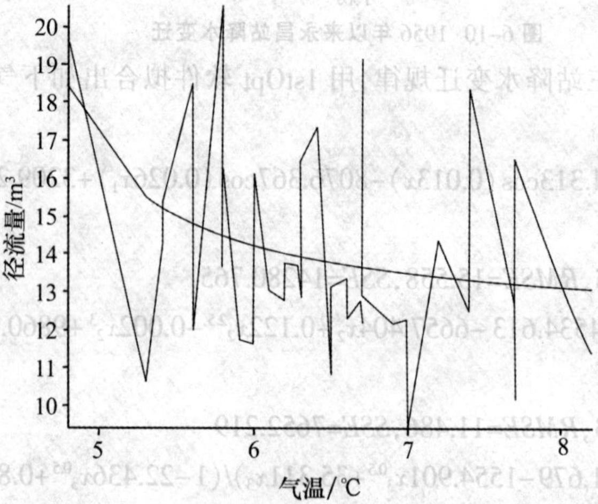

图6-11　石羊河流域出山口径流与气温关系曲线

进一步拟合出如下模型：

$$W=1/(0.281T-1.192)+12.212 \quad (8)$$

$R^2=0.172$，$RMSE=2.326$，$SSE=286.702$

其中，W 为径流量，T 为气温。

从模型可以看出，在一定温度区间，随着气温的上升，径流会有一定的减少，但径流的减少幅度与山区剧烈的升温相比较要小得多，气温与径流为什么是这种复杂的非线性关系？按照丁永建等的分析，在祁连山区普遍存在冰川、季节积雪和冻土等寒区水文要素，而这些寒区水文要素又与气温密切相关，且十分复杂：气温上升，使蒸发增加、冻土活动层深度增大、冰川消融增加、季节积雪加速融化、降水固/液态比例减小。而蒸发增加又会使径流减少，降水固/液态比例减小则直接径流增加，冰川消融和季节积雪融化的增加都会使径流增加，冻土活动层深度的增加，一方面降低了隔水层深度，减少了直接径流，另一方面则使活动层中的冻结水释放，增加径流。因此，气温上升对径流的最终影响是寒区各水文要素之间此消彼长、共同作用的结果。

运用该模型，测算了未来可能的气温变迁与径流的关系（见表6–1），结果表明：随着气温上升1 ℃，石羊河的径流在近些年均值的基础上将减少3.643%，并且气温下降比气温上升对径流的影响更为显著，这与赖祖铭提出的山区气温上升或下降10%，石羊河径流将减少或增加13%的结论有一定的差异。

表6–1　气温上升或下降引起的石羊河径流变化

气温变化/℃	径流变化/%	气温变化/℃	径流变化/%
0.5	–2.158	2.5	–6.203
1	–3.643	–0.5	3.425
1.5	–4.726	–1	9.697
2	–5.552	–1.5	24.884

（二）降水与径流的关系

根据1951年以来的径流和降水实测数据可以初步发现，径流与山区降水的关系是：随着山区降水的增加，径流也增加（见图6–12）。

进一步拟合出如下径流与降水关系模型：

$$W=20.027-1554.208/J+79956.265/J^2 \quad (9)$$

R^2=0.093，$RMSE$=2.43，SSE=313.97

其中，W 为径流量，J 为降水量。

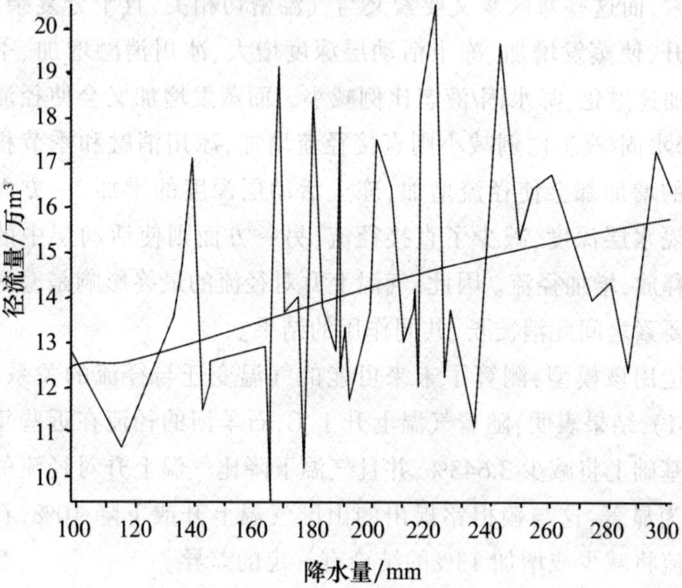

图 6-12　石羊河流域出山口径流与降水关系曲线

从以上检验结果可以看出，该模型拟合度并不是很高(0.093)，主要原因是用原始数据拟合的，假如对原始数据进行距平和滑动平均处理，拟合度肯定能够大幅度提高。但从总体上看，该模型还是能够反映降水与径流的量化关系。

从该模型可以看出，山区降水与径流的变化是一种复杂的非线性关系，之所以如此，初步的分析是，山区降水增加，除蒸发和渗入地下的部分外，均通过地表径流汇入石羊河，而降水的减少，除直接减少地表径流外，还有可能由于使空气湿度减少，导致蒸发增加而间接影响地表径流；所以，降水对径流的影响是复杂的。降水对径流的影响程度，用模型(9)测算的结果(见表 6-2)为：山区降水增加 100 mm,径流将增加 10%左右,而降水减少 100 mm,则径流减少高达 12%左右。

表 6-2　降水变化对石羊河径流的影响

降水量变化/mm	径流变化/%	降水量变化/mm	径流变化/%
50	5.936	−50	−7.327
100	10.527	−100	−12.101

(三)径流与气温和降水关系的模型

为弄清气温和降水对径流的协同影响,拟合了如下模型:

$W=-890.641-3.849T-10.894T^2+19.154T^3+25.847T^4-34.467T^5+7.018J$

$-0.018J^2$ (10)

$R^2=0.617, RMSE=0.557, SSE=17.67$

其中,W 为径流,T 为气温,J 为降水。

将未来可能的气温与山区降水变化数据带入模型(10),可以计算出不同气温与降水组合下的径流变迁,结果见表 6-3。

表 6-3　气温、降水对石羊河径流的协同影响

气温变化/℃	降水变化/mm	径流变化/%	气温变化/℃	降水变化/mm	径流变化/%
0.5	50	0.8925192	−0.5	50	10.078405
0.5	100	9.7686579	−0.5	100	19.767971
0.5	150	24.936799	−0.5	150	34.924927
0.5	−50	−8.372914	−0.5	−50	3.0571172
0.5	−100	−13.51358	−0.5	−100	−0.122762
0.5	−150	−27.89691	−0.5	−150	−11.73863
1	50	−0.796584	−1	50	17.29404
1	100	17.11083	−1	100	30.728406
1	150	40.980034	−1	150	52.703429

续表 6-3

气温变化/℃	降水变化/mm	径流变化/%	气温变化/℃	降水变化/mm	径流变化/%
1	–50	–24.73452	–1	–50	6.9159668
1	–100	–57.45523	–1	–100	–1.580007
1	–150	–604.3288	–1	–150	–94.91899
1.5	50	–23.1023	–1.5	50	4.5918029
1.5	100	–58.57416	–1.5	100	–1002.348
1.5	150	–147.5869	–1.5	150	266.25957
1.5	–50	–6.801219	–1.5	–50	21.376162
1.5	–100	–3.583665	–1.5	–100	21.228027
1.5	–150	1.144401	–1.5	–150	27.246839
2	50	–18.80518	–2	50	25.660722
2	100	–25.73001	–2	100	17.392371
2	150	–38.34845	–2	150	–3.386004
2	–50	–14.10488	–2	–50	26.532478
2	–100	–12.72223	–2	–100	26.045109
2	–150	–10.2321	–2	–150	27.713287

由表 6–3 可以看出，在 0.5 ℃的气温上升范围内，降水减少造成的径流下降比降水增加导致的径流上升幅度要大很多。气温上升 1 ℃，降水即使增加 50 mm，径流仍然会下降，只有在 100 mm 以上，径流才会增加，而当降水下降时，径流会急剧减少，当温度上升 2 ℃时，无论是降水增加或减少，径流均会下降。而气温下降（2 ℃以内）时，这种趋势则完全不同，即无论降水增加或减少，径流均会增加，只不过幅度不同，即降水增加时，径流增加幅度较大，降水减少时，径流增加的幅度较小。

第四节　研究结论

根据以上计算结果，可以初步得出以下几点结论。

一、石羊河流域未来气温变化趋势

石羊河流域未来气温变化趋势是上升趋势，并且祁连山区气温上升的幅度会大于平原区；而降水趋势正好相反，即山区降水呈下降趋势，平原区呈上升的趋势，出山口的径流变化的总体趋势是下降的。

二、随着气温的上升，径流会下降

气温上升，径流反而下降，这与同样发源于祁连山区的黑河及疏勒河随着山区气温上升径流上升的趋势完全不同。蓝永超等(2003)也发现了石羊河流域的这种趋势，他们对此的解释是：石羊河尚未出现黑河和疏勒河那样的气候转型。也就是说，石羊河出山口径流的变化与毗邻的黑河及疏勒河在对气候响应方面有不同机理。我们认为，石羊河流域的这种情况可能是由于径流形成区冰川、积雪数量比较少的缘故。

三、山区降水与径流表现为正相关

即降水增加，径流上升。原因在于降水中除了疏漏、蒸发外，均形成地表径流。

四、气温与降水对径流的协同作用非常复杂

在气温与降水对径流的复杂协同作用中，气温对径流的影响要远大于降水对径流的影响。特别是当山区气温上升达到2 ℃

时，降水无论是增加或减少(150 mm 以内)，均会导致径流大幅度减少，当气温下降幅度到达 2 ℃时，无论降水是否增加，径流均会增加。气温变化之所以影响如此之大，可能是山区蒸发量会随温度上升急剧增加，以致降水增加也不能弥补的缘故，而在气温下降时，蒸发量急剧下降。由此看来，全球性的气温上升，会对石羊河径流产生非常严重的后果。

参考文献

[1]张利平，王德智，夏军，等. R/S 分析在洪水变化趋势预测中的应用研究[J].中国农村水利水电 ，2005(2)：35-37.

[2]黄勇，周志芳，王锦国，等.R/S 分析法在地下水动态分析中的应用[J] 河海大学学报，2002(1)：87-89.

[3]周培，刘俊明，王伟.R/S 法在径流还原和预测中的应用[J].人民长江，2008(2)：66-68.

[4]陈崇德，牛爱军.R/S 分析在水库年来水趋势预测中的应用[J].水资源与水工程学报，2010(6)：33-36.

[5]牛存稳，张利平，夏军.华北地区降水量的小波分析[J].干旱区地理，2004(3)：76-78.

[6]桑燕芳，王栋.水文序列小波分析中小波函数选择方法[J].水利学报，2008(3)：120-122.

[7]赖祖铭.祁连山东段山区温度变化与径流关系初探[M]//中国科学院兰州冰川冻土研究所集刊. 北京：科学出版社，1992：84-89.

[8]丁永建，叶柏生，刘时银.祁连山区流域径流影响因子分析[J].地理学报，1999(5)：115-117.

[9]蓝永超，康尔泗，仵彦卿，等.气候变化对河西内陆干旱区

出山口径流的影响 [J].冰川冻土,2001(9):66-67.

[10]蓝永超，康尔泗.河西内陆干旱区主要河流出山口径流特征及变化趋势分析[J].冰川冻土,2000(6):22-24.

[11]王国庆，王云璋，史忠海，等.黄河流域水资源未来变化趋势分析[J].地理科学,2001(10):38-41.

[12]丁永建,叶柏生,刘时银.祁连山区流域径流影响因子分析[J].地理学报,1999(9):44-46.

[13]施雅风,张祥松.气候变化对西北干旱区地表水资源的影响和未来趋势[J].中国科学(B辑),1995(9):109-170.

[14]张晓伟,沈冰,莫淑红,等.石羊河流域出山口径流演变特征[J].干旱区地理,2008(11):57-59.

[15]刘洪兰,白虎志,张俊国,等.1957—2006年河西走廊中部气候变化对水资源的影响[J].冰川冻土,2010(2):32-35.

[16]蓝永超,丁永建,沈永平,等.河西内陆河流域出山口径流对气候转型的响应 [J].冰川冻土,2003(4):81-83.

[17]丁永建,叶伯生,刘时银.祁连山中部地区40年来气候变化及其对径流的影响[J].冰川冻土,2000(9):76-78.

[18]李林,王振宇,汪青春.黑河上游地区气候变化对径流量的影响研究[J].地理科学,2006(2):82-84.

第七章 石羊河流域水资源承载力研究

水资源是石羊河流域最稀缺的资源。流域平原区年降水量仅 150～300 mm，下游地区小于 150 mm，而年蒸发量却为 1300～2600 mm，蒸发量远大于降水量，干旱指数最高达 52。根据有关资料（甘肃省水利厅、发改委，2007），近些年，石羊河流域水资源总量（年）为 16.59 亿 m^3 左右，其中地表天然水资源量为 15.6 亿 m^3，与地表水不重复的地下水资源量为 0.99 亿 m^3。而全流域总用水量高达 28.77 亿 m^3，其中工业用水量占总用水量的 5.4%；农田灌溉用水量占 86.4%；林草用水量占 4.5%；城市生活用水量占 1.6%；农村生活用水量占 2.1 %。供需缺口为 12.18 亿 m^3。巨大的供需缺口主要依赖地下水超采弥补，年超采量 4.32 亿 m^3，其中民勤县盆地年超采地下水 2.96 亿 m^3。

造成流域水资源缺口的主要原因是，近 20 年来，全流域人口增加了 33%，农田灌溉面积增加了 30%，粮食产量增加了 45%，国内生产总值（GDP）翻了约 6 倍，而水资源量不但没有增加反而减少了约 1%。人口大量增加、经济持续增长，特别是高耗水的农田灌溉，严重挤占了生态用水，导致流域生态环境迅速恶化。其中，民勤县的生态环境问题尤为严重：湖泊萎缩、干涸，天然植被枯萎、死亡，土地沙漠化、盐渍化进程加快，地下水位下降，矿化度上升，其北部湖区生态已濒于崩溃，“罗布泊”景象已经局部显现。

为减缓生态环境的持续恶化，必须合理利用现有的水资源，保持人口、经济增长和生态用水的均衡，优化水资源在不同用途之间的配置，以实现人与环境的可持续发展。为此，在总结已有研究成果的基础上，以生态环境问题最为迫切的民勤县为对象，以水资源承载力为视角，深入研究石羊河流域水资源的优化配置问题，以图对政府有关部门的科学决策提供理论基础。

第一节　国内外研究综述

一、水资源承载力的概念

水资源承载力(water resources carrying capacity，WRCC)是承载力概念与水资源领域的自然结合，目前对区域水资源承载力的定义，国内外还没有一个统一的认识。就国外而言，美国的 URS 公司对佛罗里达 Keys 流域的承载力研究时曾涉及承载力的定义。我国许多学者则根据自己的理解提出了多种水资源承载力的定义，主要有以下几种观点：

施雅风等(1992)认为水资源承载力是指某一地区的水资源，在一定社会和科学技术发展阶段，在不破坏社会和生态系统时，最大可承载的农业、工业、城市规模和人口水平，是一个随社会经济和科学技术水平发展变化的综合目标。

许新宜等(1997)认为水资源承载力是指在某一具体的历史发展阶段下，以可预见的技术、经济和社会发展水平为依据，以可持续发展为原则，以维护生态环境良性发展为前提，在水资源合理配置和高效利用的条件下，区域社会经济发展的最大人口容量。

程国栋(2002)提出，考虑到西北地区水资源研究的现实和长远意义,由于水资源是西北地区内陆河流域生态经济系统演化发展最主要的限制因子，是联系生态问题和经济问题的桥梁和纽带，需要将水资源承载力的研究置于可持续发展的框架下讨论,因此,将水资源承载力定义为:某一区域在具体的历史发展阶段下,考虑可预见的技术、文化、体制和个人价值选择的影响,在采用合适的管理技术条件下,水资源对生态经济系统良性发展的支持能力。

二、水资源承载力研究的理论基础

根据朱一中等(2002)学者的观点,水资源承载力的理论基础可以归结为以下几个方面。

(一)可持续发展理论

可持续发展强调三个主题:代际公平、区域公平以及社会经济发展与人口、资源、环境间的协调性。在可持续发展理论的指导下,资源的可持续利用、人与环境的协调发展取代了以前片面追求经济增长的发展观念。可持续发展是一种哲学观,是关于自然界和人类社会发展的哲学观,可作为水资源承载力研究的指导思想和理论基础,而水资源承载力研究则是可持续发展理论在水资源管理领域的具体体现和应用。

(二)水—生态—社会经济复合系统理论

区域(流域)是具有层次结构和整体功能的复合系统,由社会经济系统、生态环境系统和水资源系统组成。水资源既是该复合系统的基本组成要素,又是社会经济系统和自然生态系统存在和发展的支持条件。水资源的承载力状况对地区的发展起着重要的作用,水资源状况的变化往往导致区域环境的变化、土地利用和土地覆被的改变、社会经济发展方式的变化等。水—生态—社会经济复合系统理论也是水资源承载力研究的基础,应将水资源作为生态经济系统的一员,从水资源系统—自然生态系统—社会经济系统耦合机理上综合考虑水资源对地区人口、资源、环境和经济协调发展的支撑能力。

(三)自然—人工二元模式下的水文循环过程与机制

随着人类活动的加强,原有的一元流域天然水循环模式受到严重挑战,人类活动不仅改变了流域降水、蒸发、入渗、产流、汇流特性,而且在原有的天然水循环内产生了人工侧支循环,形成了天然循环与人工循环此消彼长的二元动态水循环过程。具有二元结构的流域水资源演化不仅构成了社会经济发展的基础,是生态环境的控制因素,同时也是诸多水问题的共同症结所在,因此它也是进行水资源承载力研究的一个基石。

三、关于水资源承载力的研究方法

根据张保成和国锋(2006)的研究结果,在国外为数不多的有关资源承载力的研究中,1998 年美国陆军工程兵团 (US Army Corps of Engineers)和佛罗里达州社会事务局(Florida Department of Community Affairs)共同委托 URS 公司对佛罗里达 Keys 流域的承载能力进行研究,该研究采用模型方法对该流域的社会经济和生态系统整体进行了模拟和评价, 用以确定 Florida Keys 流域生态系统及其构成因子对各种人类活动影响的承受能力,其中心内容是一个由社会经济、财政、基础设施、水、海洋及陆地等子系统和图形用户界面(graphical user interface)共同构成的承载力分析模型(Carrying Capacity Analysis Model),该模型允许用户切换不同的用地方案并评估其对环境承载力的影响。美国国家研究理事会 (National Research Council) 在对该项目的中期考察报告中指出,Florida Keys 承载力研究应特别注意它对政策制定的作用,而不应偏重于给出一个绝对的承载力值。此外,Falkenmark 等学者用较简单的数学计算研究了全球或一些发展中国家的水资源的使用限度,为水资源承载力的专门研究提供了一定的基础。英国科学家斯莱瑟教授提出了 ECCO 模型,他采用系统动力学方法,综合考虑人口、资源、环境与发展之间的关系,可以模拟不同发展策略下,人口变化与承载力之间的动态变化, 并在一些发展中国家成功运用。Joardor 等(1998)从供水的角度对城市水资源承载力进行了相关研究,并将其纳入城市发展规划当中。J. Rijibenman 等在研究城市水资源评价和管理体系中将承载力作为城市水资源安全保障的衡量标准。Harris 着重研究了农业生产区域水资源农业承载力,将此作为区域发展潜力的一项衡量标准。

国内自 20 世纪 90 年代以来,水资源承载力成为学界的一个主要研究领域,在研究方法上取得了很大的突破。截至目前,所采用的研究方法主要有以下几种。

(一)常规趋势法

常规趋势法主要采用统计分析的方法,选择单项和多项指标来反映地区水资源承载力现状和阈值的一种方法。施雅风、曲耀光等主要采用这种方法研究了新疆乌鲁木齐河流域水资源的承载力。常规趋势法由于较多考虑的是单承载因子的发展趋势,而忽略各承载因子之间的相互联系,很难处理复杂巨系统之间的耦合关系,但其对某些承载因子的潜力估算的研究方法对复杂巨系统的协调研究仍有借鉴意义。

(二)系统动力学方法

是应用系统动力学原理采用动态系统反馈模拟评价一个地区水资源承载力的方法。张志良等(2002)采用该方法对河西地区的土地人口承载力情况进行了研究。中国科学院地理研究所曾采用该方法分析柴达木盆地的水资源承载力。该方法的优点在于,能定量地分析各类复杂系统的结构和功能的内在关系,能定量分析系统的各种特性,擅长处理高阶、非线性问题,比较适应宏观的长期动态趋势研究。缺点是系统动力学模型的建立受建模者对系统行为动态水平认识的影响,由于参变量不好掌握,易导致不合理的结论。

(三)多目标模型分析法

由水资源承载力的定义和特点可知,水资源承载力研究面对的系统是一个社会经济生态环境资源复杂巨系统,属于可持续发展研究范畴。因而水资源承载力的研究需要从可持续发展的角度,研究水资源与社会经济发展、与生态环境及其他资源之间的关系。因此,水资源承载力问题是一个典型的复合系统问题。这就为多目标模型进行承载力分析提供了理论依据。清华大学在"八五"攻关项目"华北地区水资源合理配置"研究中采用投入产出分析方法将水资源纳入宏观经济系统集成研究,并采用多目标分析技术对水资源进行合理配置取得了重大研究成果。中国科学院寒区旱区环境与工程研究所在"九五"攻关项目"西北地区水资源合理配置和生态环境建设"中也采用了投入产出方法将水资源承载力的研究纳入可持续发展的系统分析框架下,以投入产出方法为基础,采用情景基础的多目标分析框架研究了黑河流域水资源承载力,而且由于该方法综合考虑了区域水、土、气候等限制资源及资源相互之间作用的关系,而且决策分析中可考虑人类不同目标和价值取向,融入决策者的思想,是比较适合的处理社会经济生态水资源系统这类复杂的多属性、多目标群决策问题的。

(四)数据包络分析(DEA)法

DEA 法在处理具有相同性质的部门(DMU)进行多输入、多输出的比较方面存在很大的优势,它可以用线性规划方法来判断决策单元间的相对有效性。实际应用中其特点为:①DEA 各输入、输出的权重, 是从最有利于被评价决策单元的角度进行决定的,从而避免了人为确定各指标权重的问题；②DEA不必确定输入、输出之间的显式表达式，其特点为排除主观因素的影响，具有很强的客观性。刘晓平和李磊(2008)将DEA模型引入到水资源承载力的研究中，并以2004年20个省级行政区为例，在现有的数据中选取相关指标，利用DEA模型分析方法，定量分析了20个行政区的水资源相对承载能力，为区域间的水资源承载力提供了研究依据及科学参考。

(五)BP神经网络评价法

许莉等(2008)，提出了一种基于BP神经网络的水资源承载力综合评价方法。该方法属于隐式数学处理方法，无需建立数学模型，它只需将处理过的数据输入训练好的网络中，通过相应的数学工具即可得出结果，评价过程更为方便、快捷。同时，由于该方法不需要人为地确定权重，这就大大降低了由于评价过程中的主观因素所导致的结果失真，使评价结果更为有效、客观和可靠。

四、取得的主要研究成果

根据施雅风(1992)、许新宜等(1997)、程国栋(2002)、曲耀光(2000)、王家骥等(2000)、王在高等(2001)、许有鹏(1993)、秦莉云(2001)、张鑫等(2001)、魏斌(1995)、王建华(1999)、陈冰(2000)、陈兴鹏(2002)、徐中民(2000)、朱照宇(2002)、王顺久(2003)、张建军等(2005)、苑涛等(2007)和刘晓平等(2008)主要研究者的成果，可以得出以下几点基本结论。

(一)我国的水资源承载能力已经达到或超过极限

在我国，无论是传统概念上的水资源丰裕地区，如珠江流域、长江流域、淮河流域，还是缺水的西部地区，如塔里木河流域、黑河流域等，水资源的承载力均已经处于极限或超过极限状态。可以说，水资源短缺已经成为全国普遍的现象。如果按照现有的水资源利用模式发展下去,后果将极为严重。

(二)造成我国普遍缺水的原因是复杂的

造成我国普遍缺水的主要原因有现行的高耗水经济增长模式、水体大面积污染、水资源利用结构不合理、人口增加等诸多方面。其中,造成水资源承载力下降的主要原因是水资源污染和不合理的用水结构。

(三)提高水资源承载力的措施

针对这些问题,学者们提出的应对之策主要有调整经济增长方式和产业结构,大力发展节水型产业;对一些水体遭到污染的区域,采取政府管制、经济处罚等措施加大污染治理;在西部缺水严重的干旱地区向外移民,减少对水资源的需求和对环境的压力等。

但目前已有的研究成果中,有关干旱地区水资源如何进行优化配置的研究尚不多见。以极度缺水的民勤县地区为例,利用多目标规划法进行这一方面的研究,以期对政府水资源优化配置提供决策依据。

第二节　研究方法

一、基础数据的来源

本研究的基础数据有三个来源:一是甘肃省水利厅和发改委2007年制定的《石羊河流域重点治理规划》中分水方案、各产业的耗水指标、农田林网比例规划等资料;二是1998—2008年的《武威统计年鉴》、《金昌年鉴》和《民勤县统计年鉴》中的人口、人口增长率、城市化率、各产业的增长率等相关的历史资料;三是2009

年在石羊河流域实地调查获得的资料。

二、研究方法

本研究在借鉴国内同行研究成果的基础上,应用运筹学中的多目标规划方法，通过构建多目标模型，编写 LINGO 程序,以 2010—2050 年民勤县的规划和预测数据为参数,采用交互规划法计算出不同年份民勤县的经济、社会和生态各项目可能的配水方案,再根据等单位水资源收益最大化的配置原则,提出各规划年份各行业最优水资源配置模式。

第三节 模型构建

截至目前，国内外研究水资源承载力所运用的多目标模型，均以 1961 年美国数学家查尔斯和库柏首先提出的基本模型为基础,经过适当的调整变换而形成的。查尔斯和库柏的模型是以下式为标准的多目标规划问题。

$$\min Z=CY \tag{1}$$

$$s.t\begin{cases}AX+Y-Y^{*}=b\\X,Y,Y-Y^{*}=0\end{cases} \tag{2}$$

这里 C、Y、A、X、Y^{+}、b 均为矩阵或向量的形式。

与线性规划相比,多目标规划标准型的特点:一是偏差列向量 Y^{-}、Y^{+}。Y^{-}、Y^{+}分别为负、正偏差列向量,各有 m 个元素 $Y_1^{+},Y_2^{+},\cdots,Y_m^{+}$与 $Y_1^{-},Y_2^{-},\cdots,Y_m^{-}$($m$ 是约束方程的个数)。负偏差变量的经济含义为当实际值小于目标值时,实际值与目标值的偏差为负偏差,正偏差变量的经济含义与之恰恰相反。二是价值系数行向量 c 的元素最多不超过 $2m$ 个,由目标优先权等级 P_i 和目标优先权系

数 η 组成，即 $c=c_1,c_2,\cdots,c_{2m}=\eta_1 P_1,\eta_2 P_2,\cdots,\eta_{2m} P_{2m}$，在多目标规划的目标函数中，出现的变量只能是偏差变量。也就是说，列向量 γ 以正偏差变量和负偏差变量为元素。目标优先权等级 P_i 既不是变量，也不是常数，它只是说明不同目标实现的先后顺序，这种优先等级的确定一般是由企业决策部门根据企业具体情况及各目标的轻重缓急加以确定的。而目标优先级系数，则说明同一优先级目标相互之间的比例关系。

考虑到水资源承载能力具有自然和社会双重属性，涉及水资源系统、社会经济系统和生态环境系统之间的复杂相互作用关系。对于这样一个复杂的大系统，试图用一个数学模型或用一个目标来描述，并用某一个最优化技术求解，是常困难的，也难以反映水资源的承载能力(方国华、胡玉贵和徐瑶等，2005)。国内多数学者(方国华等，2005；徐中民，2000；程国栋，2002；曲耀光，2000；王家骥等，2000；王在高等，2001；许有鹏，1993；秦莉云，2001；张鑫等，2001)在查尔斯和库柏的基准模型基础上，将整个系统分解为水资源、社会经济和生态环境三个子系统，在每个子系统中分别建立一个分析模型。各子系统模型既可单独运行，又可配合运行，子系统模型之间通过多目标核心模型的协调关联变量相连接。

其中，社会经济系统模型目标函数及约束条件为：

$$f_1(x)=\max\sum_{i=1}^{n}X_i^{\mathrm{GDP}},x=(X_1,X_2,\cdots,X_{\mathrm{n}})^T \tag{3}$$

$$s.t\sum_{i=1}^{n}X_i^{\mathrm{GDP}}\geqslant C \tag{4}$$

式中，$f_1(x)$为社会经济系统模型的目标函数，X_i^{GDP} 为规划水平年第 i 部门的 GDP，n 为规划水平年国民经济部门数量，C 为规划年的产出约束。

生态环境系统模型及约束为：

$$f_2(x)=\max V(x) \tag{5}$$

$$s.t X_{BOD} \leqslant \beta_{BOD} W \tag{6}$$

式中，$f_2(x)$为生态环境系数目标函数，$V(x)$为生态环境状态，X_{BOD}，β_{BOD}，W 分别为 BOD 负荷总量、水体容许 BOD 排放量、容纳 BOD 的水资源总量。

水资源系统模型及约束为：

$$f_3(x)=\max\left(\frac{\sum_{i=1}^{n} X_i^{GDP}}{\sum_{i=1}^{n} W_i}+\frac{X_{生态环境}}{W_{生态环境}}\right) \tag{7}$$

$$s.t W_{经济}+W_{生态}+W_{生活} \leqslant W_{总} \tag{8}$$

式中，$f_3(x)$ 为水资源系统目标函数，W_i 为规划水平年第 i 部门用水量，$X_{生态环境}$为规划水平年生态环境效益，$W_{生态环境}$为规划水平年生态环境用水量，$W_{经济}$为经济总用水量，$W_{生态}$为人民生活用水总量，$W_{总}$为区域总供水量。

多目标复合模型为：

$$f(x)=(f_1(x_1), f_2(x_2), f_3(x_3)) \tag{9}$$

$$s.t\begin{cases}\sum_{i=1}^{n} X_i^{GDP} \geqslant C \\ X_{BOD} \leqslant \beta_{BOD} W \\ W_{经济}+W_{生态}+W_{生活} \leqslant W_{总}\end{cases} \tag{10}$$

根据民勤县的实际，将上述国内多数学者提出的模型进一步调整为如下形式。

一、目标函数

(一)经济目标

经济目标是一定时期内最主要的目标，经济目标的实现，通过农业、工业和第三产业的增加而具体得以实现。

$$\max GDP_t = W_t^1\overline{B}_t^1 + W_t^2\overline{B}_t^2 + W_t^3\overline{B}_t^3 \tag{11}$$

其中，GDP_t 为 t 期的国内生产总值，W_t^1，W_t^2，W_t^3 分别为 t 期的农业、工业和第三产业的需水量，$\overline{B}_t^1$，$\overline{B}_t^2$，$\overline{B}_t^3$ 为 t 期的每万立方米的农业、工业和第三产业的产值(万元)。

(二)社会目标

就本文的研究而言，社会目标是满足区域人口和牲畜基本生活用水。

$$\max S_t = W_t^r\overline{P} + W_t^{al}\overline{A}_l + W_t^{as}\overline{A}_s \tag{12}$$

其中，S_t 为 t 期的社会目标，W_t^r 为 t 期的人民生活用水，$\overline{P}$ 为一定时期每万立方米可承载的人数，W_t^{al} 为 t 期的大牲畜用水，$\overline{A}_l$ 为一定时期每万立方米可承载的大牲畜数量，W_t^{as} 为 t 期的小牲畜用水，$\overline{A}_s$ 为一定时期每万立方米可承载的小牲畜数量。

(三)生态目标

生态目标是维持生态环境和谐，使得区域内经济和社会发展能够顺利进行的目标。在本文中，以林(草)地面积为指标。林(草)地面积越大，绿洲的生态环境就越好。

$$\max EC_t = W_t^{EC}\overline{L} \tag{13}$$

其中，EC_t 为 t 期的生态目标，即林(草)地面积；W_t^{EC} 为 t 期的生态需水量，$\overline{L}$ 为一定时期每万立方米可维持的林地面积。

二、约束条件

(一)总需求与总供给平衡条件

$$W_t^1+W_t^2+W_t^3+W_t^P+W_t^a+W_t^{EC}\leqslant W_t^g \tag{14}$$

其中,W_t^g 为 t 期的总供水。

(二)经济增长约束

$$GDP_t^a\leqslant GDP_t^* \tag{15}$$

其中,GDP_t^a 为 t 期的实际产出,GDP_t^* 为 t 期的潜在产出。

(三)人畜用水比约束

$$W_T^a<W_T^P \tag{16}$$

(四)生态用水约束

按照甘肃水利厅和发改委的规划,在石羊河流域各地区每年生态用水必须保持在一定的数值,即构成如下约束条件:

$$W_{ti}^{EC}\leqslant \overline{W}_{ti}^{EC} \tag{17}$$

其中,W_{ti}^{EC} 为地区 i 在 t 期生态用水总量,$\overline{W}_{ti}^{EC}$ 为地区 i 在 t 期的规划生态用水量。

在以上约束中,最主要的是水资源总需求和总供给约束,即式(14)。

三、LINGO 模型

根据以上建模思路,用 X_1、X_2、X_3、X_4、X_5、X_6 和 X_7 分别代表水资源可承载的工业产值(亿元)、第三产业产值(亿元)、城镇人口(万人)、农村人口(万人)、牲畜数量(万头)、生态用水(万 m^3)和耕地面积(万亩),d_1、d_2、d_3、d_4、d_5、d_6 和 d_7 分别为其偏差,其中上标负号者为负偏差,上标正号者为正偏差,p 为优先因子。构建出以下 LINGO 计算模型:

$$\min z=P_1d_1^++P_2(d_2^-+d_2^+)+P_3(d_3^-+d_3^+)+P_4(d_4^-+d_4^+)+P_5(d_5^-+d_5^+)+P_6(d_6^-+d_6^+)+P_7(d_7^-+d_7^+) \tag{18}$$

$$s.t\begin{cases} W_t^1+W_t^2+W_t^3+W_t^P+W_t^a+W_t^{EC}+d_1^-+d_1^+\leqslant 33900 \\ d_1^++d_1^-\leqslant 0 \\ d_2^++d_2^-\leqslant 0 \\ d_3^++d_3^-\leqslant 0 \\ d_4^++d_4^-\leqslant 0 \\ d_5^++d_5^-\leqslant 0 \\ d_6^++d_6^-\leqslant 0 \\ d_7^++d_7^-\leqslant 0 \end{cases} \tag{19}$$

第四节　数据整理

根据甘肃省水利厅和发改委的规划，以及实际调查和测算，2010—2050年武威市、金昌市和民勤县各项目需水数据、地区水资源总供给、总需求见表7-1～表7-5。

表 7-1　石羊河流域未来 50 年各项目单位需水

项目	2010 年	2020 年	2030 年	2040 年	2050 年
武威市 GDP 用水/(万 m^3/亿元)	420	200	140	140	140
金昌市 GDP 用水/(万 m^3/亿元)	320	100	70	70	70
城镇居民用水/(万 m^3/万人)	51	58.5	58.5	58.5	58.5
农村居民用水/(万 m^3/万人)	23.5	26.5	26.5	26.5	26.5
牲畜用水/(万 m^3/万头)	5.5	5.5	5.5	5.5	5.5
农田灌溉用水/(万 m^3/万亩)	385	385	385	385	385

表 7-2　武威市未来 50 年各项目测算值

项目	2010 年	2020 年	2030 年	2040 年	2050 年
工业用水/(m^3/万元)	64～90	32～50	32～50	32～50	32～50
第三产业用水/(m^3/万元)	27～32	27～32	27～32	27～32	27～~32
城镇居民用水/(万 m^3/万人)	47～55	55～~62	55～62	55～62	55～62
农村居民用水/(万 m^3/万人)	22～25	25～28	25～28	25～28	25～28
牲畜用水/(万 m^3/万头)	4～7	4～7	4～7	4～7	4～7
林网用水/(万 m^3/万亩)	225～228	210～220	210～220	210～220	210～220
农田灌溉用水/(万 m^3/万亩)	380～390	380～390	380～390	380～390	380～390

表 7-3　武威市未来 50 年各项目测算值

项目	2010 年			2020 年			2030 年		
	规划值	耗水量	预测值	规划值	耗水量	预测值	规划值	耗水量	预测值
水资源/万 m^3	215400			215400			215400		
GDP/亿元	236.9	420	237	334.9	200	335	599.8	140	600
城镇人口/万人	62.4	51	62	84.43	58.5	84	93.26	58.5	93
农村人口/万人	99.5	23.5	99	86.06	26.5	86	88.46	26.5	88
牲畜数量/万只	239.65	5.5	240	260.19	5.5	260	260.19	5.5	260
耕地面积/万亩	199	385	199	172.12	385	172	176.92	385	177
生态用水/万 m^3	7000		7000	7342		7342	7342		7342

项目	2040 年			2050 年		
	规划值	耗水量	预测值	规划值	耗水量	预测值
水资源/万 m^3	215400			215400		
GDP/亿元	1074.1	140	1074	1923.5	140	1408
城镇人口/万人	103.02	58.5	103	113.8	58.5	125
农村人口/万人	90.67	26.5	91	92.65	26.5	16
牲畜数量/万只	260.19	5.5	260	260.19	5.5	22
耕地面积/万亩	181.34	385	124	185.3	385	8
生态用水/万 m^3	7342		7342	7342		7342

表 7-4　金昌市未来 50 年各项目测算值

项目	2010 年			2020 年			2030 年		
	规划值	耗水量	预测值	规划值	耗水量	预测值	规划值	耗水量	预测值
水资源/万 m^3	72300			72300			72300		
GDP/亿元	189.78	320	190	449	100	449	883.25	70	883
城镇人口/万人	24.59	51	25	28.56	58.5	29	33.15	58.5	33
农村人口/万人	13.96	23.5	14	12.03	26.5	12	10.11	26.5	10
牲畜数量/万只	39.42	5.5	39	42.69	5.5	43	42.69	5.5	43
耕地面积/万亩	34.9	385	23	30.075	385	30	25.275	385	18
生态用水/万 m^3	799		799	1091		1091	1091		1091

项目	2040 年			2050 年		
	规划值	耗水量	预测值	规划值	耗水量	预测值
水资源/万 m^3	72300			72300		
GDP/亿元	1737.49	70	979	3417.9	70	973
城镇人口/万人	38.47	58.5	38	44.64	58.5	45
农村人口/万人	7.64	26.5	2	4.51	26.5	2
牲畜数量/万只	42.69	5.5	3	42.69	5.5	5
耕地面积/万亩	19.1	385	1	11.275	385	1
生态用水/万 m^3	1091		1091	1091		1091

表 7-5　民勤县未来 50 年各项目测算

项目	2010 年			2020 年			2030 年		
	规划值	耗水量	预测值	规划值	耗水量	预测值	规划值	耗水量	预测值
水资源/万 m^3	33900			37600			37600		
工业产值/亿元	12.44	77	12	32.2	41	32	69.52	41	70
第三产业/亿元	11.8	26.6	12	25.48	26.6	25	55	26.6	55
城镇人口/万人	7.37	51.1	7	9.97	58.4	10	11.57	58.4	12
农村人口/万人	24.58	21.9	21	23.68	25.55	24	25.19	25.55	24
牲畜数量/万头	58.39	5.02	58	63.23	6.19	63	103	6.19	103
林网面积/万亩	28.1	226.5	26	31.7	215	32	42.6	215	36

项目	2040 年			2050 年		
	规划值	耗水量	预测值	规划值	耗水量	预测值
水资源/万 m^3	37600			37600		
工业产值/亿元	150.08	41	150	324.02	41	324
第三产业/亿元	118.74	26.6	119	256.35	26.6	256
城镇人口/万人	13.43	58.4	13	15.58	58.4	16
农村人口/万人	26.8	25.55	26	28.5	25.55	28
牲畜数量/万头	103	6.19	103	103	6.19	103
林网面积/万亩	42.6	215	30	42.6	215	17

其中,2030—2050 年的数据是根据调查数据和历史资料构建模型,用 E-VIEW 测算的结果。

第五节　计算结果

将上述各具体参数带入 LINGO 模型，获得以下计算结果。

一、武威市的计算结果

为直观起见，将运行 LINGO 程序的结果归纳成表 7-6。

表 7-6　未来 50 年生态优先条件下武威市水资源承载力

项目	2010 年	2020 年	2030 年	2040 年	2050 年
总需水(供水)量/万 m^3)	215400	215400	215400	215400	215400
GDP/亿元	236.9	334.9	599.8	1074.1	1923.5
城镇人口/万人	62.4	84.43	93.26	103.02	113.8
农村人口/万人	99.5	86.06	88.46	90.67	92.65
牲畜/万头	239.65	260.19	260.19	260.19	260.19
农田/万亩	199	172.12	176.92	181.34	185.3
生态用水/万 m^3	7000	7342	7342	7342	7342

由表 7-6 可以看出，在未来各年度的平水年份，为了保持经济按照现行的增长速度持续下去，各项指标要求调整，但调整的幅度不大，也就是说，武威市的水资源承载力仍然有较大的潜力，即在未来 GDP 大幅增加的条件下，仍然可以支撑较多的人口、农田和生态用水，预计到 2050 年，在保证经济和基本生态用水的前提下，全市总人口不得超过 200 万人，灌溉耕地不超过 185 万亩，这些基本数据与现在的差距不是很大。

二、金昌市的计算结果

考虑到金昌市经济结构和地理位置等方面的特殊性，通过人机对话，将 2020 年后的生态用水限定在 1091 万 m^3 这一比较合理的数值，然后运行 LINGO，得出表 7-7 的计算结果。

表 7-7 未来 50 年生态优先条件下金昌市水资源承载力

项目	2010 年	2020 年	2030 年	2040 年	2050 年
总需(供)水量/万 m^3	72300	72300	72300	72300	72300
GDP/亿元	208.5	449	883.25	1737.49	3417.9
城镇人口/万人	24.59	28.56	33.15	38.47	44.64
农村人口/万人	13.96	12.03	10.11	7.64	4.51
牲畜/万头	39.42	42.69	42.69	42.69	42.69
农田/万亩	34.9	30.08	25.28	19.1	11.28
生态用水/万 m^3	799	1091	1091	1091	1091

由表 7-7 的内容可以看出，在未来(2020 年后)，金昌市的水资源承载力将难以支撑经济、社会和生态的全面发展。为维持基本生态用水和经济增长，农村人口必须大幅度减少，特别是灌溉农田数量必须大幅减少方可。到 2050 年，全市总人口不能超过 50 万人，灌溉农田不能超过 11.28 万亩，显然这与现在的数据差距很大。

三、民勤县的计算结果

考虑到民勤县生态的极度脆弱性、战略地位的重要性，将民勤县单独列出来，对其未来的水资源承载力进行更加详尽地计算，结果见表 7-8～表 7-12。

(一)2010年的结果

表7-8　2010年经济优先时的水资源承载力

项目	方案一	方案二	方案三	方案四	方案五	方案六	方案七	方案八
X_1	12	12	12	12	12	12	12	12
p 值	0	1	0	0	0	0	0	0
X_2	12	12	12	12	12	12	12	12
p 值	0	0	1	0	0	0	0	0
X_3	7	7	7	7	7	7	7	7
p 值	0	0	0	1	0	0	0	0
X_4	1	1	1	1	21	21	21	21
p 值	0	0	0	0	1	0	0	0
X_5	58	58	58	58	58	58	58	58
p 值	0	0	0	0	0	1	0	0
X_6	1	1	1	1	1	1	26	26
p 值	0	0	0	0	0	0	1	0
X_7	3	3	3	3	3	3	65	66
p 值	0	0	0	0	0	0	0	1
X_1	13	12	12	12	12	12	12	12
p 值	0	0	1	0	0	0	0	0
X_{21}	12	12	12	12	12	12	12	12
p 值	0	0	0	1	0	0	0	0
X_{31}	7	7	7	7	7	7	7	7
p 值	0	0	0	0	1	0	0	0
X_4	1	1	1	1	1	21	21	21
p 值	0	0	0	0	0	1	0	0
X_5	58	58	58	58	58	58	58	58
p 值	0	0	0	0	0	0	1	0
X_6	28	28	28	28	28	28	28	28
p 值	0	1	0	0	0	0	0	0
X_7	1	1	1	1	1	1	1	65
p 值	0	0	0	0	0	0	0	1

注：偏差0,0.44,0.2,0.37,3.58,0.39,2.1,11.91。

表 7-9 2020 年经济优先时的水资源承载力

项目	方案一	方案二	方案三	方案四	方案五	方案六	方案七	方案八
X_1	32	32	32	32	32	32	32	32
p 值	0	1	0	0	0	0	0	0
X_2	25	25	25	25	25	25	25	25
p 值	0	0	1	0	0	0	0	0
X_3	11	11	11	10	10	10	10	10
p 值	0	0	0	1	0	0	0	0
X_4	26	26	26	25	24	24	24	24
p 值	0	0	0	0	1	0	0	0
X_5	63	63	63	63	63	63	63	63
p 值	0	0	0	0	0	1	0	0
X_6	1	1	1	1	1	1	32	32
p 值	0	0	0	0	0	0	1	0
X_7	2	2	2	2	2	2	70	67
p 值	0	0	0	0	0	0	0	1
X_1	35	35	32	32	32	32	32	32
p 值	0	0	1	0	0	0	0	0
X_{21}	25	25	25	25	25	25	25	25
p 值	0	0	0	1	0	0	0	0
X_{31}	10	10	10	10	10	10	10	10
p 值	0	0	0	0	1	0	0	0
X_4	25	25	24	24	24	24	24	24
p 值	0	0	0	0	0	1	0	0
X_5	65	65	63	63	63	63	63	63
p 值	0	0	0	0	0	0	1	0
X_6	33	32	32	32	32	32	32	32
p 值	0	1	0	0	0	0	0	0
X_7	1	1	1	1	1	1	1	67
p 值	0	0	0	0	0	0	0	1

注：偏差 0,0.2,0.48,0.03,0.32,0.23,0.3,0.32。

表 7–10　2030 年经济优先的水资源承载力

项目	方案一	方案二	方案三	方案四	方案五	方案六	方案七	方案八
X_1	69	70	70	70	70	70	70	70
p 值	0	1	0	0	0	0	0	0
X_{21}	55	55	55	55	55	55	55	55
p 值	0	0	1	0	0	0	0	0
X_{31}	13	12	13	12	12	12	12	12
p 值	0	0	0	1	0	0	0	0
X_4	26	24	25	24	24	24	24	24
p 值	0	0	0	0	1	0	0	0
X_5	103	103	103	103	103	103	103	103
p 值	0	0	0	0	0	1	0	0
X_6	1	1	1	1	1	1	36	36
p 值	0	0	0	0	0	0	1	0
X_7	2	2	3	2	73	73	61	61
p 值	0	0	0	0	0	0	0	1
X_1	69	69	70	70	70	70	70	70
p 值	0	0	1	0	0	0	0	0
X_{21}	55	55	55	55	55	55	55	55
p 值	0	0	0	1	0	0	0	0
X_{31}	13	13	12	13	12	12	12	12
p 值	0	0	0	0	1	0	0	0
X_4	25	25	24	25	24	24	24	24
p 值	0	0	0	0	0	1	0	0
X_5	103	103	103	103	103	103	103	103
p 值	0	0	0	0	0	0	1	0
X_6	45	43	43	43	43	43	43	43
p 值	0	1	0	0	0	0	0	0
X_7	1	1	1	1	1	57	57	57
p 值	0	0	0	0	0	0	0	1

注:偏差 0,0.48,0,0.43,1.19,0,6.6,10.34。

表 7-11 2040 年经济优先的水资源承载力

项目	方案一	方案二	方案三	方案四	方案五	方案六	方案七	方案八
X_1	150	150	150	150	150	150	150	150
p 值	0	1	0	0	0	0	0	0
X_{21}	120	120	119	119	119	119	119	119
p 值	0	0	1	0	0	0	0	0
X_{31}	13	13	13	13	13	13	13	13
p 值	0	0	0	1	0	0	0	0
X_4	26	26	26	26	26	26	26	26
p 值	0	0	0	0	1	0	0	0
X_5	103	103	103	103	105	103	103	103
p 值	0	0	0	0	0	1	0	0
X_6	1	1	1	1	1	1	30	30
p 值	0	0	0	0	0	0	1	0
X_7	2	2	2	2	67	67	50	51
p 值	0	0	0	0	0	0	0	1
X_1	155	155	150	150	150	150	150	150
p 值	0	0	1	0	0	0	0	0
X_{21}	120	120	119	119	119	119	119	119
p 值	0	0	0	1	0	0	0	0
X_{31}	13	13	15	15	13	13	13	13
p 值	0	0	0	0	1	0	0	0
X_4	26	26	28	28	1	26	26	26
p 值	0	0	0	0	0	1	0	0
X_5	103	103	103	103	103	103	103	103
p 值	0	0	0	0	0	0	1	0
X_6	45	43	43	43	43	43	43	43
p 值	0	1	0	0	0	0	0	0
X_7	1	1	1	1	1	1	44	44
p 值	0	0	0	0	0	0	0	1

注：偏差 0,0.08,0.26,0.43,0.8,0,12.6,22.76。

表 7-12　2050 年经济优先时的水资源承载力

项目	方案一	方案二	方案三	方案四	方案五	方案六	方案七	方案八
X_1	324	324	324	324	324	324	324	324
p 值	0	1	0	0	0	0	0	0
X_{21}	260	260	256	256	256	256	256	256
p 值	0	0	1	0	0	0	0	0
X_{31}	17	17	17	16	16	16	16	16
p 值	0	0	0	1	0	0	0	0
X_4	28	28	28	30	28	28	28	28
p 值	0	0	0	0	1	0	0	0
X_5	103	103	103	103	103	103	103	103
p 值	0	0	0	0	0	1	0	0
X_6	1	1	1	1	2	2	17	17
p 值	0	0	0	0	0	0	1	0
X_7	2	2	2	2	38	38	30	30
p 值	0	0	0	0	0	0	0	1
X_1	330	330	324	324	324	324	324	324
p 值	0	0	1	0	0	0	0	0
X_{21}	260	260	256	256	256	256	256	256
p 值	0	0	0	1	0	0	0	0
X_{31}	17	17	16	16	16	16	16	16
p 值	0	0	0	0	1	0	0	0
X_4	28	28	28	29	28	28	28	28
p 值	0	0	0	0	0	1	0	0
X_5	103	103	103	103	103	103	103	103
p 值	0	0	0	0	0	0	1	0
X_6	45	43	43	43	43	43	43	43
p 值	0	1	0	0	0	0	0	0
X_7	1	1	1	1	1	1	15	15
p 值	0	0	0	0	0	0	0	1

注：偏差 0,0.02,0.35,0.42,0.5,0,25.6,43.8。

第六节　研究结论

由以上计算结果,可以初步得出以下几点结论。

一、金昌市水资源承载力的问题

在现行的产业结构、人口增长、城市化进程模式下,金昌市的水资源承载力在2010年已经达到极限。如果按照现行的各增长模式,到2020年以后,在保证基本生态用水的前提下,农业灌溉面积必须大幅度下降,不足现在的三分之一,全市人口只能控制在50万人以内,否则,水资源承载力将难以支撑经济、社会和生态系统的可持续发展。

二、武威市水资源承载力的问题

在现行的模式下, 武威市的水资源承载力还有一定的潜力,即按照产业结构优化、人口规模合理、生态环境无重大变化的条件下,武威市的水资源尚能够支撑经济的高速增长。尽管在未来各用途之间水资源的竞争比较激烈,但在保证基本生态用水的前提下,水资源基本能够保证未来经济增长对水的需求,且不需要大幅度减少灌溉面积。

三、民勤县水资源承载力的问题

在水资源无重大变化时,今后民勤县的经济、社会和生态三个子系统之间的用水矛盾会愈加激烈, 如果优先考虑经济增长,特别是工业和第三产业的增长, 则必须降低农业和生态用水,到2050年,耕地面积只能限制在30万亩,仅为规划值73.8万亩的40.65%,农民人均耕地为1.07亩;林网面积仅为17万亩,仅为规划值 42.6 万亩的 16.4%(见表 7-13)。根据民勤县生态极度脆弱的事实,若无最低限度的生态用水,必然导致生态崩溃,所有产业,乃至人居条件将不复存在。因此,在有限的水资源条件下,必须确保最低限度的生态用水。至此,我们认为,在水资源分配方面,应该优先考虑生态用水。

表 7-13　最优配水方案

经济优先时的最优方案					
项目	2010 年	2020 年	2030 年	2040 年	2050 年
工业产值/亿元	12	32	70	150	324
第三产业/亿元	12	25	55	119	256
城镇人口/万人	7	10	12	13	16
农村人口/万人	21	24	24	26	28
牲畜数量/万头	58	63	103	103	103
林网面积/万亩	26	32	36	30	17
耕地面积/万亩	66	67	61	51	30
生态优先时的最优方案					
工业产值/亿元	12	32	70	150	324
第三产业/亿元	12	25	55	119	256
城镇人口/万人	7	10	12	13	16
农村人口/万人	21	24	24	26	28
牲畜数量/万头	58	63	103	103	103
林网面积/万亩	28	32	43	43	43
耕地面积/万亩	65	67	57	44	15

在优先安排生态用水条件下,为确保经济收益最大化,必须大面积减少耕地数量,将水资源的使用从农业转移至工业和第三产业。从 2020 年开始,耕地面积必须逐年减少,到 2050 年,耕地面积只能维持在 15 万亩,全县人均耕地为 0.34 亩,农民人均耕地

约为0.53亩。届时,除了采用农业新技术,以提高农业单位面积的产出外,还需从外地大量调入各种农产品,以满足当地人民的生活需要。

为适应未来工业和第三产业增长、农业产业萎缩的局面,必须提高城市化水平,大量减少农业人口,使农民从农业产业转移至工业和第三产业。

本研究的不足之处在于尚未考虑水资源在各产业内部的优化配置问题。

附 件

附件一 各规划年的计算模型

1.2010 年的模型

$\min z=p_1d_1^++p_2(d_2^-+d_2^+)+p_3(d_3^-+d_3^+)+p_4(d_4^-+d_4^+)+p_5(d_5^-+d_5^+)+p_6(d_6^-+d_6^+)+p_7(d_7^-+d_7^+)+p_8(d_8^-+d_8^+)$

$77*x_1+26.6*x_2+51.5*x_{31}+21.9*x_4+5.02*x_5+226.5*x_6+385*x_7+d_1^--d_1^+=33900$

$x_1+d_2^--d_2^+=12.44$

$x_2+d_3^--d_3^+=11.8$

$x_3+d_4^--d_4^+=7.37$

$x_4+d_5^--d_5^+=24.58$

$x_5+d_6^--d_6^+=58.39$

$x_6+d_7^--d_7^+=28.1$

$x_7+d_8^--d_8^+=77.91$

$x_1\leqslant 15$

$x_2\leqslant 14$

$x_3\leqslant 8$

$x_4\leqslant 26$

$x_5 \leqslant 60$

$x_6 \leqslant 30$

$x_7 \leqslant 88$

$-3*x_3+x_4 \leqslant 0$

$5*x_6-2*x_7 \leqslant 0$

b=15,14,8,26,60,30,88,0,0;
a=1,0,0,0,0,0,0,
0,1,0,0,0,0,0,
0,0,1,0,0,0,0,
0,0,0,1,0,0,0,
0,0,0,0,1,0,0,
0,0,0,0,0,1,0,
0,0,0,0,0,0,1,
0,0,-3,1,0,0,0,
0,0,0,0,0,5,-2;
c=77,26.6,51.5,21.9,5.02,226.5,385,
1,0,0,0,0,0,0,
0,1,0,0,0,0,0,
0,0,1,0,0,0,0,
0,0,0,1,0,0,0,
0,0,0,0,1,0,0,
0,0,0,0,0,1,0,
0,0,0,0,0,0,1;
g=33900,12.44,11.8,7.37,24.58,58.39,28.1,77.91;

2.2020 年的模型

$\min z=p_1d_1^++p_2(d_2^-+d_2^+)+p_3(d_3^-+d_3^+)+p_4(d_4^-+d_4^+)+p_5(d_5^-+d_5^+)+$
$p_6(d_6^-+d_6^+)+p_7(d_7^-+d_7^+)+p_8(d_8^-+d_8^+)$

$41*x_1+26.6*x_2+58.4*x_{31}+25.55*x_4+6.19*x_5+215*x_6+385*x_7+$
$d_1^--d_1^+=37600$

$x_1+d_2^--d_2^+=32.2$

$x_2+d_3^--d_3^+=25.48$

$x_3+d_4^--d_4^+=9.97$

$x_4+d_5^--d_5^+=23.68$

$x_5+d_6^--d_6^+=63.23$

$x_6+d_7^--d_7^+=31.7$

$x_7+d_8^--d_8^+=66.68$

$x_1\leqslant35$

$x_2\leqslant28$

$x_3\leqslant11$

$x_4\leqslant26$

$x_5\leqslant65$

$x_{67}\leqslant33$

$x_77\leqslant70$

$-5*x_3+2*x_4\leqslant0$

$2*x_6-x_7\leqslant0$

b=35,28,11,26,65,33,70,0,0;

a=1,0,0,0,0,0,0,

0,1,0,0,0,0,0,

0,0,1,0,0,0,0,

0,0,0,1,0,0,0,

0,0,0,0,1,0,0,

0,0,0,0,0,1,0,

0,0,0,0,0,0,1,

0,0,-5,2,0,0,0,

0 ,0,0,0,0,2,-1;

c=41,26.6,58.4,25.55,6.19,215,385,

1,0,0,0,0,0,0,

0,1,0,0,0,0,0,

0,0,1,0,0,0,0,

0,0,0,1,0,0,0,

0,0,0,0,1,0,0,

0,0,0,0,0,1,0,

0,0,0,0,0,0,1;

g=37600,32.2,25.48,9.97,23.68,63.23,31.7,66.68;

3.2030 年的模型

$\min z=p_1d_1^+ +p_2(d_2^- +d_2^+)+p_3(d_3^- +d_3^+)+p_4(d_4^- +d_4^+)+p_5(d_5^- +d_5^+)+$
$p_6(d_6^- +d_6^+)+p_7(d_7^- +d_7^+)+p_8(d_8^- +d_8^+)$

$41*x_1+26.6*x_2+58.4*x_{31}+25.55*x_4+6.19*x_5+215*x_6+385*x_7+$
$d_1^- -d_1^+=37600$

$x_1+d_2^- -d_2^+=69.52$

$x_2+d_3^- -d_3^+=55$

$x_3+d_4^- -d_4^+=11.57$

$x_4+d_5^- -d_5^+=25.19$

$x_5+d_6^- -d_6^+=103$

$x_6+d_7^- -d_7^+=42.6$

$x_7+d_8^- - d_8^+=71.34$

$x_1 \leqslant 73$

$x_2 \leqslant 58$

$x_3 \leqslant 13$

$x_4 \leqslant 27$

$x_5 \leqslant 105$

$x_6 \leqslant 45$

$x_7 \leqslant 73$

$-2*x_3+x_4 \leqslant 0$

$5*x_6-3*x_7 \leqslant 0$

b=73,58,13,27,105,45,73,0,0;
a=1,0,0,0,0,0,0,
0,1,0,0,0,0,0,
0,0,1,0,0,0,0,
0,0,0,1,0,0,0,
0,0,0,0,1,0,0,
0,0,0,0,0,1,0,
0,0,0,0,0,0,1,
0,0,-2,1,0,0,0,
0,0,0,0,0,5,-3;
c=41,26.6,58.4,25.55,6.19,215,385,
1,0,0,0,0,0,0,
0,1,0,0,0,0,0,
0,0,1,0,0,0,0,
0,0,0,1,0,0,0,
0,0,0,0,1,0,0,

0,0,0,0,0,1,0,

0,0,0,0,0,0,1;

g=37600,69.52,55,11.57,25.19,103,42.6,71.34

4.2040 年的模型

$\min z=p_1d_1^++p_2(d_2^-+d_2^+)+p_3(d_3^-+d_3^+)+p_4(d_4^-+d_4^+)+p_5(d_5^-+d_5^+)+p_6(d_6^-+d_6^+)+p_7(d_7^-+d_7^+)+p_8(d_8^-+d_8^+)$

$41*x_1+26.6*x_2+58.4*x_{31}+25.55*x_4+6.19*x_5+215*x_6+385*x_7+d_1^--d_1^+=37600$

$x_1+d_2^--d_2^+=150.08$

$x_2+d_3^--d_3^+=118.74$

$x_3+d_4^--d_4^+=13.43$

$x_4+d_5^--d_5^+=26.8$

$x_5+d_6^--d_6^+=103$

$x_6+d_7^--d_7^+=42.6$

$x_7+d_8^--d_8^+=73.76$

$x_1\leqslant155$

$x_2\leqslant120$

$x_3\leqslant15$

$x_4\leqslant28$

$x_5\leqslant105$

$x_6\leqslant45$

$x_7\leqslant76$

$-2*x_3+x_4\leqslant0$

$5*x_6-3*x_7\leqslant0$

b=155,120,15,28,105,45,76,0,0;

a=1,0,0,0,0,0,0,
0,1,0,0,0,0,0,
0,0,1,0,0,0,0,
0,0,0,1,0,0,0,
0,0,0,0,1,0,0,
0,0,0,0,0,1,0,
0,0,0,0,0,0,1,
0,0,−2,1,0,0,0,
0,0,0,0,0,5,−3;
c=41,26.6,58.4,25.55,6.19,215,385,
1,0,0,0,0,0,0,
0,1,0,0,0,0,0,
0,0,1,0,0,0,0,
0,0,0,1,0,0,0,
0,0,0,0,1,0,0,
0,0,0,0,0,1,0,
0,0,0,0,0,0,1;
g=37600,150.08,118.74,13.43,26.8,103,42.6,73.76;

5.2050 年的模型

$$\min z=p_1d_1^++p_2(d_2^-+d_2^+)+p_3(d_3^-+d_3^+)+p_4(d_4^-+d_4^+)+p_5(d_5^-+d_5^+)+p_6(d_6^-+d_6^+)+p_7(d_7^-+d_7^+)+p_8(d_8^-+d_8^+)$$

$$41*x_1+26.6*x_2+58.4*x_{31}+25.55*x_4+6.19*x_5+215*x_6+385*x_7+d_1^-−d_1^+=37600$$

$$x_1+d_2^-−d_2^+=324.02$$

$$x_2+d_3^-−d_3^+=256.35$$

$$x_3+d_4^-−d_4^+=15.58$$

$x_4+d_5^--d_5^+=28.5$

$x_5+d_6^--d_6^+=103$

$x_6+d_7^--d_7^+=42.6$

$x_7+d_8^--d_8^+=73.8$

$x_7 \leqslant 330$

$x_2 \leqslant 260$

$x_3 \leqslant 17$

$x_4 \leqslant 30$

$x_5 \leqslant 105$

$x_6 \leqslant 45$

$x_7 \leqslant 76$

$-2*x_3+x_4 \leqslant 0$

$5*x_6-3*x_7 \leqslant 0$

b=330,260,17,30,105,45,76,0,0;
a=1,0,0,0,0,0,0,
0,1,0,0,0,0,0,
0,0,1,0,0,0,0,
0,0,0,1,0,0,0,
0,0,0,0,1,0,0,
0,0,0,0,0,1,0,
0,0,0,0,0,0,1,
0,0,-2,1,0,0,0,
0,0,0,0,0,5,-3;
c=41,26.6,58.4,25.55,6.19,215,385,
1,0,0,0,0,0,0,
0,1,0,0,0,0,0,

```
  0,0,1,0,0,0,0,
  0,0,0,1,0,0,0,
  0,0,0,0,1,0,0,
  0,0,0,0,0,1,0,
  0,0,0,0,0,0,1;
g=37600,324.02,256.35,15.58,28.5,103,42.6,73.8;
```

附件二 本研究编写的 LINGO 程序

```
MODEL:
sets:
num_i/1..9/:b;
num_j/1..7/:x;
num_k/1..8/:p,z,f;
num_l/1..8/:d1,d2,g;
link_ij(num_i,num_j):a;
link_kl(num_k,num_l):w1,w2;
link_lj(num_l,num_j):c;
endsets
data:
p=????????;
z=???????0;
b=330,260,17,30,105,45,76,0,0;
a=1,0,0,0,0,0,0,
0,1,0,0,0,0,0,
0,0,1,0,0,0,0,
```

```
0,0,0,1,0,0,0,
0,0,0,0,1,0,0,
0,0,0,0,0,1,0,
0,0,0,0,0,0,1,
0,0,-2,1,0,0,0,
0,0,0,0,0,2,-5;
c=41,26.6,58.4,25.55,6.19,215,385,
1,0,0,0,0,0,0,
0,1,0,0,0,0,0,
0,0,1,0,0,0,0,
0,0,0,1,0,0,0,
0,0,0,0,1,0,0,
0,0,0,0,0,1,0,
0,0,0,0,0,0,1;
g=37600,324.0176,256.3494,15.58,28.5,103,42.6,73.8;
w1=0,0,0,0,0,0,0,0,
0,1,0,0,0,0,0,0,
0,0,1,0,0,0,0,0,
0,0,0,1,0,0,0,0,
0,0,0,0,1,0,0,0,
0,0,0,0,0,1,0,0,
0,0,0,0,0,0,1,0,
0,0,0,0,0,0,0,1;
w2=1,0,0,0,0,0,0,0,
0,1,0,0,0,0,0,0,
0,0,1,0,0,0,0,0,
0,0,0,1,0,0,0,0,
```

```
0,0,0,0,1,0,0,0,
0,0,0,0,0,1,0,0,
0,0,0,0,0,0,1,0,
0,0,0,0,0,0,0,1;
enddata
[OBJ]min=@sum(num_k:p*f);
@for(num_k(K):f(K)=@sum(num_l(L):(w1(K,L)*d1(L)+
w2(K,L)*d2(L)));)
@for(num_l(L):@sum(num_j(j):c(L,j)*x(j))+d1(L)-d2(L)
=g(L););
@for(num_i(i):@sum(num_j(j):a(i,j)*x(j))<=b(i););
@for(num_i(K)|K#lt#@size(num_k):@bnd(0,f(K),z(K)););
@for(num_j(j):x(j)>1;@gin(x(j)););
@for(num_l(L):d1(L)>=0;d2(L)>=0;);
END
```

参考文献

[1]程国栋.承载力概念的演变及西北水资源承载力的应用框架[J].冰川冻土, 2002,24(4):46-47.

[2]施雅风,曲耀光.乌鲁木齐河流域水资源承载力及其合理利用[M].北京:科学出版社, 1992:94-111.

[3]许新宜,王浩,甘泓,等.华北地区宏观经济水资源规划理论与方法[M].郑州:黄河水利出版社,1997:24-38.

[4]张志良.人口承载力与人口迁移[M].兰州:甘肃科学技术出版社, 1992: 69-76.

[5]阮本清,梁瑞驹,王浩,等.流域水资源管理[M].北京:科学出版社,2001:152-169.

[6]刘晓平,李磊.基于DEA的水资源承载力的计算评价[J].科技与管理,2008,10(1):43-46.

[7]张保成,国锋.国内外水资源承载力研究综述[J].上海经济研究,2006(10):15-17.

[8]王学全,卢琦,李保国.应用模糊综合评判方法对青海省水资源承载力评价研究[J].中国沙漠,2005,25(6):89-91.

[9]张建军,赵新华,李国金,等.城市水资源承载力多目标分析模型及其应用研究（天津为例）[J]. 安徽农业科学,2005,33(11):21-23.

[10]方创琳,余丹林.区域可持续发展SD规划模型的实验优控——以干旱区柴达木盆地为例 [J]. 生态学报, 1999,19(6):767-774.

[11]徐中民.情景基础的水资源承载力多目标分析理论与应用[J].冰川冻土,1999,21(2): 99-106.

[12]徐中民,程国栋.运用多目标分析技术分析黑河流域中游水资源承载力[J]. 兰州大学学报（自然科学版), 2000,36(2):122-132.

[13]徐中民,程国栋.黑河流域中游水资源需求预测[J].冰川冻土, 2002,22(2): 139-146.

[14]闵庆文,余为东,张建新.区域水资源承载力的模糊综合评价分析方法及应用[J].水土保持研究,2004,11(3):14-16,129.

[15]苑涛,何秉宇.干旱区水资源承载力分析及应用[J].水土保持研究,2007,14(3):86-87.

[16]朱一中,夏军,谈戈.关于水资源承载力理论与方法的研究[J].地理科学进展,2002,21(2):180-188.

[17]曲耀光,樊胜岳.黑河流域水资源承载力分析计算与对策[J].中国沙漠,2000,20(1):1-8.

[18]王家骥,姚小红,李京荣,等.黑河流域生态承载力估测[J].环境科学研究,2000,13(2):44-48.

[19]王顺久,侯玉,张欣莉,等.流域水资源承载能力的综合评价方法[J].水利学报,2003(1):85-92.

[20]苏志勇,徐中民,张志强,等.黑河流域水资源承载力的生态经济研究[J].冰川冻土,2002,24(4):400-406.

[21]许莉,赵嵩正,杨海光.水资源承载力的BP神经网络评价模型研究[J].计算机工程与应用,2008,44(8):217-219.

[22]王士武.水资源承载能力及其定量衡量[J].黑龙江水专学报,1998,10(2):24-26.

[23]魏权龄.数据包络分析(DEA)[M].北京:科学出版社,2004.

[24]徐玖平,李军.多目标决策的理论与方法[M].北京:清华大学出版社,2005.

[25]Rees W E. Revisiting carrying capacity: area-based indicators of sustainability[J].Population and Environment: A Journal of Interdisciplinary Studies,1996,17(3):195-215.

[26]Arrow K,Bolin B,Costanza R,et al. Economic growth, carrying capacity, and the environment [J].Science,1995,268(28):520-521.

[27]Meadows .The Limits to Growth: A Report for the Club of Roma's Project on the Predicament of Mankind[M]//A Potamae Association Book. London: Earth Island Ltd., 1972.

[28]Lein J K. Applying expert systems technology to carrying capacity assessment [J].Journal of Environmental Management, 1993,37:63-68.

[29]Saveriades A. Establishing the social tourism carrying ca-

pacity for the tourist resorts of the east coast of the Republic of Cyprus[J]. Tourism Management, 2000(21):147–156.

[30]Buckley R. An Ecological Perspective on Carrying Capacity [J].Annals of Tourism Research,1999,26(3):705–708.

[31]Roe E M. Viewpoint: on rangeland carrying capacity[J]. Journal of Range Management,1997,50(5):467–472.

[32]Lindberg K,McCool S,Stankey G. Rethinking carrying capacity[J]. Annals of Tourism Research,1997,24(2):461–465.

[33]Harris J M. Carrying capacity in agriculture: global and regional issue[J].Ecological Economics,1999,129(3):443–461.

[34]Rijisberman. Different approaches to assessment of design and man–agement of sustainable urban water system[J]. Environment Impact Assessment Review,2000(3):333–345.

[35]Falkenmark M,Lundqvist J.Towards water security: political deter–mination and human adaptation crucial [J].Natural Resources Forum,1998,21(1):37–51.

[36]Kuylenstierna J L,Bjorklund G,Najilis P.Sustainable water future with global implications;everyone's responsibility [J].Natural Resources Forum,1997,21(3):181–190.